Francisco Cândido Xavier

Caminho, Verdade e Vida

Pelo Espírito
de
Emmanuel

1949

FEDERAÇÃO ESPÍRITA BRASILEIRA
(Departamento Editorial)

Rua Figueira de Melo, 410 ——— Rio de Janeiro

Esclarecimento ao Leitor

Esta nova edição procura contemplar o texto do autor espiritual Emmanuel, psicografado por Francisco Cândido Xavier, conforme registrado na primeira edição, arquivada e disponível para consulta nos acervos da FEB (Patrimônio do Livro e Biblioteca de Obras Raras).

Dessa forma, as modificações ocorrerão apenas no caso de haver incorreção patente quanto à norma culta vigente da Língua Portuguesa no momento da publicação, ou para atender às diretrizes de normalização editorial previstas no *Manual de Editoração da FEB*, sem prejuízo para o conteúdo da obra nem para o estilo do autor espiritual.

Quando se tratar de caso específico que demandar explicação própria, esta virá como nota de rodapé, para facilitar a compreensão textual.

Para a redação de cada nota explicativa, sempre que necessário foram consultados especialistas das áreas afetas ao tema, como historiadores e linguistas.

A FEB reitera, com esse procedimento, seu respeito às fontes originais e ao fenômeno mediúnico de excelência que foi sempre a marca registrada do inesquecível médium Francisco Cândido Xavier.

FEB Editora
Brasília (DF), 2 de setembro de 2022.

Chico Xavier
Pelo Espírito Emmanuel

Caminho, verdade e vida

COLEÇÃO FONTE VIVA

Copyright © 1948 by
FEDERAÇÃO ESPÍRITA BRASILEIRA – FEB

29ª edição – 13ª impressão – 6 mil exemplares – 6/2024

ISBN 978-85-69452-49-2

Esta obra foi revisada com base no texto da primeira edição de 1949.

Todos os direitos reservados. Nenhuma parte desta publicação pode ser reproduzida, armazenada ou transmitida, total ou parcialmente, por quaisquer métodos ou processos, sem autorização do detentor do *copyright*.

FEDERAÇÃO ESPÍRITA BRASILEIRA – FEB
SGAN 603 – Conjunto F – Avenida L2 Norte
70830-106 – Brasília (DF) – Brasil
www.febeditora.com.br
editorial@febnet.org.br
+55 61 2101 6161

MISTO
Papel | Apoiando o manejo florestal responsável
FSC® C075537

Pedidos de livros à FEB
Comercial
Tel.: (61) 2101 6161 – comercial@febnet.org.br

Adquirindo esta obra, você está colaborando com as ações de assistência e promoção social da FEB e com o Movimento Espírita na divulgação do Evangelho de Jesus à luz do Espiritismo.

Dados Internacionais de Catalogação na Publicação (CIP)
(Federação Espírita Brasileira – Biblioteca de Obras Raras)

E54c	Emmanuel (Espírito)
	Caminho, verdade e vida / pelo Espírito Emmanuel; [psicografado por] Francisco Cândido Xavier – 29. ed. – 13. imp. – Brasília: FEB, 2024.
	416 p.; 15,5 cm – (Coleção Fonte viva; 1)
	Inclui índice das obras por capítulos e versículos e índice geral
	ISBN 978-85-69452-49-2
	1. Bíblia e Espiritismo. 2. Espiritismo. 3. Obras psicografadas. I. Xavier, Francisco Cândido, 1910–2002. II. Federação Espírita Brasileira. III. Título. IV. Coleção.
	CDD 133.93
	CDU 133.7
	CDE 20.03.00

Sumário

Esclarecimento ao Leitor 2
Interpretação dos Textos Sagrados.................................. 13

1 O tempo 17
2 Segue-me tu 19
3 Examina-te.. 21
4 Trabalho.. 23
5 Bases 25
6 Esforço e oração 27
7 Tudo novo... 29
8 Jesus veio.. 31
9 Reuniões cristãs 33
10 Mediunidade.. 35
11 Conforto 37
12 Educação no lar.. 39
13 Que é a carne?.. 41
14 Em ti mesmo... 43
15 Conversão 45
16 Endireitai os caminhos 47
17 Por Cristo... 49
18 Purificação íntima.. 51
19 Na propaganda... 53
20 O companheiro... 55

21	Caminhos retos	57
22	Que buscais?	59
23	Viver pela fé	61
24	O tesouro enferrujado	63
25	Tende calma	65
26	Padecer	67
27	Negócios	69
28	Escritores	71
29	Contentar-se	73
30	O mundo e o mal	75
31	Coisas mínimas	77
32	Nuvens	79
33	Recapitulações	81
34	Comer e beber	83
35	Semeadura	85
36	Heresias	87
37	Honras vãs	89
38	Pregações	91
39	Entra e coopera	93
40	Tempo de confiança	95
41	A Regra Áurea	97
42	Glória ao bem	99
43	Consultas	101
44	O cego de Jericó	103
45	Conversar	105
46	Quem és?	107
47	A grande pergunta	109
48	Guardai-vos	111

49	Saber e fazer	113
50	Conta de si	115
51	Meninos espirituais	117
52	Dons	119
53	Paz	121
54	A videira	123
55	As varas da videira	125
56	Lucros	127
57	Dinheiro	129
58	Ganhar	131
59	Os amados	133
60	Prática do bem	135
61	Ministérios	137
62	Parentela	139
63	Quem sois?	141
64	O tesouro maior	143
65	Pedir	145
66	Como pedes?	147
67	Os vivos do Além	149
68	Além-Túmulo	151
69	Comunicações	153
70	Poderes ocultos	155
71	Para testemunhar	157
72	Transitoriedade	159
73	Oportunidade	161
74	Mãos limpas	163
75	Nas casas de César	165
76	Edificações	167

77	Convém refletir	169
78	Verdades e fantasias	171
79	A cada um	173
80	Opiniões	175
81	Ordenações humanas	177
82	Madeiros secos	179
83	Aflições	181
84	Levantemo-nos	183
85	Testemunho	185
86	Jesus e os amigos	187
87	Por que dormis?	189
88	Velar com Jesus	191
89	O fracasso de Pedro	193
90	Ensejo ao bem	195
91	Campo de Sangue	197
92	Madalena	199
93	Alegria cristã	201
94	Ao salvar-nos	203
95	O Amigo oculto	205
96	A coroa	207
97	Amas o bastante?	209
98	Capas	211
99	Prometer	213
100	Auxílios do Invisível	215
101	Tudo em Deus	217
102	O cristão e o mundo	219
103	Estima do mundo	221
104	A espada simbólica	223

105	Nem todos	225
106	Dar	227
107	Vinda do Reino	229
108	Reencarnação	231
109	Acharemos sempre	233
110	Vidas sucessivas	235
111	Orientadores do mundo	237
112	Como Lázaro	239
113	Não te esqueças	241
114	As cartas do Cristo	243
115	Embaixadores do Cristo	245
116	Agir de acordo	247
117	Terra proveitosa	249
118	O paralítico	251
119	Glória cristã	253
120	Zelo próprio	255
121	Espinheiros	257
122	Frutos	259
123	Esperar em Cristo	261
124	Firmeza de fé	263
125	Filhos e servos	265
126	Ídolos	267
127	Enquanto é dia	269
128	Dádivas espirituais	271
129	Origem das tentações	273
130	Tristeza	275
131	Homens e anjos	277
132	Sempre adiante	279

133	Hegemonia de Jesus		281
134	Basta pouco		283
135	O ouro intransferível		285
136	Coisas terrestres e celestiais		287
137	O banquete dos publicanos		289
138	Pretensões		291
139	Por amor		293
140	Para os montes		295
141	Pior para eles		297
142	Um só senhor		299
143	Legião do mal		301
144	Que temos com o Cristo?		303
145	Doutrinações		305
146	No trato com o Invisível		307
147	Um desafio		309
148	Cuidado de si		311
149	Propriedade		313
150	Aguilhões		315
151	Mocidade		317
152	Ciência e amor		319
153	Passes		321
154	Renunciar		323
155	Entre os cristãos		325
156	Intuição		327
157	Faze isso e viverás		329
158	Batismo		331
159	A quem segues?		333
160	O varão da Macedônia		335

161	Aproveitemos	337
162	Esperemos	339
163	Não crer	341
164	Não perturbeis	343
165	Bens externos	345
166	Posses definitivas	347
167	Na oração	349
168	Na meditação	351
169	No quadro real	353
170	Domínio espiritual	355
171	Palavras de mãe	357
172	Lágrimas	359
173	Zelo do bem	361
174	Pão de cada dia	363
175	Cooperação	365
176	Lição viva	367
177	Opiniões convencionais	369
178	A porta divina	371
179	O novo mandamento	373
180	Façamos nossa luz	375

Índice das obras por capítulos e versículos 378
Índice geral.. 387
Tabela de Edições: *Caminho, verdade e vida* 407

Interpretação dos Textos Sagrados

Sabendo primeiramente isto: que nenhuma profecia da Escritura é de particular interpretação.
(*II Pedro*, 1:20.)

Jesus é o Caminho, a Verdade e a Vida. Sua luz imperecível brilha sobre os milênios terrestres, como o Verbo do princípio, penetrando o mundo, há quase vinte séculos.

Lutas sanguinárias, guerras de extermínio, calamidades sociais não lhe modificaram um til nas palavras que se atualizam, cada vez mais, com a evolução multiforme da Terra. Tempestades de sangue e lágrimas nada mais fizeram que avivar-lhes a grandeza. Entretanto, sempre tardios no aproveitamento das oportunidades preciosas, muitas vezes, no curso das existências renovadas, temos desprezado o Caminho, indiferentes ante os patrimônios da Verdade e da Vida.

O Senhor, contudo, nunca nos deixou desamparados.

Cada dia, reforma os títulos de tolerância para com as nossas dívidas; todavia, é de nosso próprio interesse levantar o padrão da vontade, estabelecer disciplinas para uso pessoal e reeducar a nós mesmos, ao contato do Mestre Divino. Ele é o Amigo Generoso, mas tantas vezes lhe olvidamos o conselho que somos suscetíveis de atingir obscuras zonas de adiamento indefinível de nossa iluminação interior para a vida eterna.

No propósito de valorizar o ensejo de serviço, organizamos este humilde trabalho interpretativo,[1] sem qualquer pretensão à exegese.

Concatenamos apenas modesto conjunto de páginas soltas destinadas a meditações comuns.

Muitos amigos estranhar-nos-ão talvez a atitude, isolando versículos e conferindo-lhes cor independente do capítulo evangélico a que pertencem. Em certas passagens, extraímos daí somente frases pequenas, proporcionando-lhes fisionomia especial e, em determinadas circunstâncias, as nossas considerações desvaliosas

---

[1] Nota de Emmanuel: Algumas destas páginas, já publicadas na imprensa espiritista cristã, foram por nós revistas e simplificadas para maior clareza de interpretação.

parecem contrariar as disposições do capítulo em que se inspiraram.

Assim procedemos, porém, ponderando que, num colar de pérolas, cada qual tem valor específico e que, no imenso conjunto de ensinamentos da Boa-Nova, cada conceito do Cristo ou de seus colaboradores diretos adapta-se a determinada situação do Espírito, nas estradas da vida. A lição do Mestre, além disso, não constitui tão somente um impositivo para os misteres da adoração. O Evangelho não se reduz a breviário para o genuflexório. É roteiro imprescindível para a legislação e administração, para o serviço e para a obediência. O Cristo não estabelece linhas divisórias entre o templo e a oficina. Toda a Terra é seu altar de oração e seu campo de trabalho, ao mesmo tempo. Por louvá-lo nas igrejas e menoscabá-lo nas ruas é que temos naufragado mil vezes, por nossa própria culpa. Todos os lugares, portanto, podem ser consagrados ao serviço divino.

Muitos discípulos, nas várias escolas cristãs, entregaram-se a perquirições teológicas, transformando os ensinos do Senhor em relíquia morta dos altares de pedra; no entanto, espera o Cristo venhamos todos a converter-lhe o Evangelho de Amor e Sabedoria em companheiro da prece, em livro escolar no aprendizado de cada dia, em fonte inspiradora de nossas mais humildes ações no trabalho comum e em código de boas maneiras no intercâmbio fraternal.

Embora esclareça nossos singelos objetivos, noto, antecipadamente, ampla perplexidade nesse ou naquele grupo de crentes.

Que fazer? Temos imensas distâncias a vencer no caminho, para adquirir a Verdade e a Vida na significação integral.

Compreendemos o respeito devido ao Cristo, mas, pela própria exemplificação do Mestre, sabemos que o labor do aprendiz fiel constitui-se de adoração e trabalho, de oração e esforço próprio.

Quanto ao mais, consola-nos reconhecer que os textos sagrados são dádivas do Pai a todos os seus filhos e, por isso mesmo, aqui nos reportamos às palavras sábias de Simão Pedro: "Sabendo primeiramente isto: que nenhuma profecia da Escritura é de particular interpretação".

EMMANUEL
Pedro Leopoldo (MG), 2 de setembro de 1948.

1
O tempo

Aquele que faz caso do dia, para o Senhor o faz.
PAULO (*Romanos*, 14:6.)

A maioria dos homens não percebe ainda os valores infinitos do tempo.

Existem efetivamente os que abusam dessa concessão divina. Julgam que a riqueza dos benefícios lhes é devida por Deus.

Seria justo, entretanto, interrogá-los quanto ao motivo de semelhante presunção.

Constituindo a Criação Universal patrimônio comum, é razoável que todos gozem as possibilidades da vida; contudo, de modo geral, a criatura não medita na harmonia das circunstâncias que se ajustam na Terra, em favor de seu aperfeiçoamento espiritual.

É lógico que todo homem conte com o tempo, mas, se esse tempo estiver sem luz, sem equilíbrio, sem saúde, sem trabalho?

Não obstante a oportunidade da indagação, importa considerar que muito raros são aqueles que valorizam o dia, multiplicando-se em toda parte as fileiras dos que procuram aniquilá-lo de qualquer forma.

A velha expressão popular "matar o tempo" reflete a inconsciência vulgar, nesse sentido.

Nos mais obscuros recantos da Terra, há criaturas exterminando possibilidades sagradas. No entanto, um dia de paz, harmonia e iluminação é muito importante para o concurso humano, na execução das leis divinas.

Os interesses imediatistas do mundo clamam que o "tempo é dinheiro", para, em seguida, recomeçarem todas as obras incompletas na esteira das reencarnações... Os homens, por isso mesmo, fazem e desfazem, constroem e destroem, aprendem levianamente e recapitulam com dificuldade, na conquista da experiência.

Em quase todos os setores de evolução terrestre, vemos o abuso da oportunidade complicando os caminhos da vida; entretanto, desde muitos séculos, o apóstolo nos afirma que o tempo deve ser do Senhor.

2
Segue-me tu

Disse-lhe Jesus: Se eu quero que ele fique até que eu venha, que te importa a ti? Segue-me tu.
(João, 21:22.)

Nas comunidades de trabalho cristão, muitas vezes observamos companheiros altamente preocupados com a tarefa conferida a outros irmãos de luta.

É justo examinar, entretanto, como se elevaria o mundo se cada homem cuidasse de sua parte, nos deveres comuns, com perfeição e sinceridade.

Algum de nossos amigos foi convocado para obrigações diferentes?

Confortemo-lo com a legítima compreensão.

Às vezes, surge um deles, modificado ao nosso olhar. Há cooperadores que o acusam. Muitos o consideram portador de perigosas tentações. Movimentam-se comentários e julgamentos à pressa. Quem penetrará, porém, o campo das causas? Estaríamos na elevada condição daquele que pode analisar um acontecimento, através de todos os ângulos? Talvez o que pareça queda ou defecção pode constituir novas resoluções de Jesus, relativamente à redenção do amigo que parece agora distante.

O Bom Pastor permanece vigilante. Prometeu que das ovelhas que o Pai lhe confiou nenhuma se perderá.

Convém, desse modo, atendermos com perfeição aos deveres que nos foram deferidos. Cada qual necessita conhecer as obrigações que lhe são próprias.

Nesse padrão de conhecimento e atitude, há sempre muito trabalho nobre a realizar.

Se um irmão parece desviado aos teus olhos mortais, faze o possível por ouvir as palavras de Jesus ao pescador de Cafarnaum: "Que te importa a ti? Segue-me tu".

3
Examina-te

Nada faças por contenda ou por vanglória, mas por humildade.
PAULO (*Filipenses*, 2:3.)

O serviço de Jesus é infinito. Na sua órbita, há lugar para todas as criaturas e para todas as ideias sadias em sua expressão substancial.

Se, na ordem divina, cada árvore produz segundo a sua espécie, no trabalho cristão, cada discípulo contribuirá conforme sua posição evolutiva.

A experiência humana não é uma estação de prazer. O homem permanece em função de aprendizado e, nessa tarefa, é razoável que saiba valorizar a oportunidade de aprender, facilitando o mesmo ensejo aos semelhantes.

O Apóstolo Paulo compreendeu essa verdade, afirmando que nada deveremos fazer por espírito de contenda e vanglória, mas, sim, por ato de humildade.

Quando praticares alguma ação que ultrapasse o quadro das obrigações diárias, examina os móveis que a determinaram. Se resultou do desejo injusto de supremacia, se obedeceu somente à disputa desnecessária, cuida de teu coração para que o caminho te seja menos ingrato. Mas se atendeste ao dever, ainda que hajas sido interpretado como rigorista e exigente, incompreensivo e infiel, recebe as observações indébitas e passa adiante.

Continua trabalhando em teu ministério, recordando que, por servir aos outros, com humildade, sem contendas e vanglórias, Jesus foi tido por imprudente e rebelde, traidor da lei e inimigo do povo, recebendo com a cruz a coroa gloriosa.

4
Trabalho

E Jesus lhes respondeu: Meu Pai obra até agora, e eu trabalho também.
(*João*, 5:17.)

Em todos os recantos, observamos criaturas queixosas e insatisfeitas.

Quase todas pedem socorro. Raras amam o esforço que lhes foi conferido. A maioria revolta-se contra o gênero de seu trabalho.

Os que varrem as ruas querem ser comerciantes; os trabalhadores do campo prefeririam a existência na cidade.

O problema, contudo, não é de gênero de tarefa, mas o de compreensão da oportunidade recebida.

De modo geral, as queixas, nesse sentido, são filhas da preguiça inconsciente. É o desejo ingênito de conservar o que é inútil e ruinoso, das quedas no pretérito obscuro.

Mas Jesus veio arrancar-nos da "morte no erro". Trouxe-nos a bênção do trabalho, que é o movimento incessante da vida.

Para que saibamos honrar nosso esforço, referiu-se ao Pai que não cessa de servir em sua obra eterna de amor e sabedoria e à sua tarefa própria, cheia de imperecível dedicação à Humanidade.

Quando te sentires cansado, lembra-te de que Jesus está trabalhando. Começamos ontem nosso humilde labor e o Mestre se esforça por nós, desde quando?

5
Bases

*Disse-lhe Pedro: Nunca me lavarás
os pés. Respondeu-lhe Jesus: Se eu não
te lavar, não tens parte comigo.*
(*João*, 13:8.)

É natural vejamos, antes de tudo, na resolução do Mestre, ao lavar os pés dos discípulos, uma demonstração sublime de humildade santificante.

Primeiramente, é justo examinarmos a interpretação intelectual, adiantando, porém, a análise mais profunda de seus atos divinos. É que, pela mensagem permanente do Evangelho, o Cristo continua lavando os pés de todos os seguidores sinceros de sua doutrina de amor e perdão.

O homem costuma viver desinteressado de todas as suas obrigações superiores, muitas vezes aplaudindo o crime e a inconsciência. Todavia, ao contato de Jesus e de seus ensinamentos sublimes, sente que pisará sobre novas bases, enquanto que suas apreciações fundamentais da existência são muito diversas.

Alguém proporciona leveza aos seus pés espirituais para que marche de modo diferente nas sendas evolutivas.

Tudo se renova e a criatura compreende que não fora essa intervenção maravilhosa e não poderia participar do banquete da vida real.

Então, como o apóstolo de Cafarnaum, experimenta novas responsabilidades no caminho e, desejando corresponder à expectativa divina, roga a Jesus lhe lave, não somente os pés, mas também as mãos e a cabeça.

6
Esforço e oração

E, despedida a multidão, subiu ao monte a fim de orar, à parte. E, chegada já a tarde, estava ali só.
(*Mateus*, 14:23.)

De vez em quando, surgem grupos religiosos que preconizam o absoluto retiro das lutas humanas para os serviços da oração.

Nesse particular, entretanto, o Mestre é sempre a fonte dos ensinamentos vivos. O trabalho e a prece são duas características de sua atividade divina.

Jesus nunca se encerrou à distância das criaturas, com o fim de permanecer em contemplação absoluta dos quadros divinos que lhe iluminavam o coração, mas também cultivou a prece em sua altura celestial.

Despedida a multidão, terminado o esforço diário, estabelecia a pausa necessária para meditar, à parte, comungando com o Pai, na oração solitária e sublime.

Se alguém permanece na Terra, é com o objetivo de alcançar um ponto mais alto, nas expressões evolutivas, pelo trabalho que foi convocado a fazer. E, pela oração, o homem recebe de Deus o auxílio indispensável à santificação da tarefa.

Esforço e prece completam-se no todo da atividade espiritual.

A criatura que apenas trabalhasse, sem método e sem descanso, acabaria desesperada, em horrível secura do coração; aquela que apenas se mantivesse genuflexa estaria ameaçada de sucumbir pela paralisia e ociosidade.

A oração ilumina o trabalho, e a ação é como um livro de luz na vida espiritualizada.

Cuida de teus deveres porque para isso permaneces no mundo, mas nunca te esqueças desse monte, localizado em teus sentimentos mais nobres, a fim de orares "à parte", recordando o Senhor.

7
Tudo novo

Assim é que, se alguém está em Cristo, nova criatura é: as coisas velhas já passaram; eis que tudo se fez novo.
PAULO (*II Coríntios*, 5:17.)

É muito comum observarmos crentes inquietos, utilizando recursos sagrados da oração para que se perpetuem situações injustificáveis tão só porque envolvem certas vantagens imediatas para suas preocupações egoísticas.

Semelhante atitude mental constitui resolução muito grave.

Cristo ensinou a paciência e a tolerância, mas nunca determinou que seus discípulos estabelecessem acordo com os erros que infelicitam o mundo. Em face dessa decisão, foi à cruz e legou o último testemunho de não violência, mas também de não acomodação com as trevas em que se compraz a maioria das criaturas.

Não se engane o crente acerca do caminho que lhe compete.

Em Cristo tudo deve ser renovado. O passado delituoso estará morto, as situações de dúvida terão chegado ao fim, as velhas cogitações do homem carnal darão lugar à vida nova em espírito, onde tudo signifique sadia reconstrução para o futuro eterno.

É contrassenso valer-se do nome de Jesus para tentar a continuação de antigos erros.

Quando notarmos a presença de um crente de boa palavra, mas sem o íntimo renovado, dirigindo-se ao Mestre como um prisioneiro carregado de cadeias, estejamos certos de que esse irmão pode estar à porta do Cristo, pela sinceridade das intenções; no entanto, não conseguiu, ainda, a penetração no santuário de seu amor.

8
Jesus veio

Mas aniquilou-se a si mesmo, tomando a forma de servo, fazendo-se semelhante aos homens.
PAULO (*Filipenses*, 2:7.)

Muitos discípulos falam de extremas dificuldades por estabelecer boas obras nos serviços de confraternização evangélica, alegando o estado infeliz de ignorância em que se compraz imensa percentagem de criaturas da Terra.

Entretanto, tais reclamações não são justas.

Para executar sua divina missão de amor, Jesus não contou com a colaboração imediata de Espíritos aperfeiçoados e compreensivos e, sim, "aniquilou-se a si mesmo, tomando a forma de servo, fazendo-se semelhante aos homens".

Não podíamos ir ter com o Salvador, em sua posição sublime; todavia, o Mestre veio até nós, apagando temporariamente a sua auréola de luz, de maneira a beneficiar-nos sem traços de sensacionalismo.

O exemplo de Jesus, nesse particular, representa lição demasiado profunda.

Ninguém alegue conquistas intelectuais ou sentimentais como razão para desentendimento com os irmãos da Terra.

Homem algum dos que passaram pelo orbe alcançou as culminâncias do Cristo. No entanto, vemo-lo à mesa dos pecadores, dirigindo-se fraternalmente a meretrizes, ministrando seu derradeiro testemunho entre ladrões.

Se teu próximo não pode alçar-se ao Plano Espiritual em que te encontras, podes ir ao encontro dele, para o bom serviço da fraternidade e da iluminação, sem aparatos que lhe ofendam a inferioridade.

Recorda a demonstração do Mestre Divino.

Para vir a nós, aniquilou a si próprio, ingressando no mundo como filho sem berço e ausentando-se do trabalho glorioso, como servo crucificado.

9
Reuniões cristãs

*Chegada, pois, a tarde daquele dia, o primeiro
da semana, e cerradas as portas da casa
onde os discípulos, com medo dos judeus, se
tinham ajuntado, chegou Jesus e pôs-se no
meio deles e disse-lhes: Paz seja convosco.
(João, 20:19.)*

Desde o dia da ressurreição gloriosa do Cristo, a humanidade terrena foi considerada digna das relações com a espiritualidade.

O *Deuteronômio* proibira terminantemente o intercâmbio com os que houvessem partido pelas portas da sepultura, em vista da necessidade de afastar a mente humana de cogitações prematuras. Entretanto, Jesus, assim como suavizara a antiga lei da justiça inflexível com o perdão de um amor sem limites, aliviou as determinações de Moisés, vindo ao encontro dos discípulos saudosos.

Cerradas as portas, para que as vibrações tumultuosas dos adversários gratuitos não perturbassem o coração dos que anelavam o convívio divino, eis que surge o Mestre muito amado, dilatando as esperanças de todos na vida eterna. Desde essa hora inolvidável, estava instituído o movimento de troca, entre o mundo visível e o invisível. A família cristã, em seus vários departamentos, jamais passaria sem o doce alimento de suas reuniões carinhosas e íntimas. Desde então, os discípulos se reuniriam, tanto nos cenáculos de Jerusalém, como nas catacumbas de Roma. E, nos tempos modernos, a essência mais profunda dessas assembleias é sempre a mesma, seja nas igrejas católicas, nos templos protestantes ou nos centros espíritas.

O objetivo é um só: procurar a influenciação dos Planos Superiores, com a diferença de que, nos ambientes espiritistas, a alma pode saciar-se, com mais abundância, em voos mais altos, por se conservar afastada de certos prejuízos do dogmatismo e do sacerdócio organizado.

10
Mediunidade

E nos últimos dias acontecerá, diz o Senhor, que do meu espírito derramarei sobre toda carne; os vossos filhos e as vossas filhas profetizarão, vossos mancebos terão visões e os vossos velhos sonharão sonhos.
(*Atos*, 2:17.)

No dia de Pentecostes, Jerusalém estava repleta de forasteiros. Filhos da Mesopotâmia, da Frígia, da Líbia, do Egito, cretenses, árabes, partos[2] e romanos se aglomeravam na praça extensa, quando os discípulos humildes do Nazareno anunciaram a Boa-Nova, atendendo a cada grupo da multidão em seu idioma particular.

Uma onda de surpresa e de alegria invadiu o espírito geral.

Não faltaram os céticos, no divino concerto, atribuindo à loucura e à embriaguez a revelação

---

[2] N.E.: Natural ou habitante da Pártia, antiga região da Ásia que se estendia do mar Cáspio à Índia.

observada. Simão Pedro destaca-se e esclarece que se trata da luz prometida pelos Céus à escuridão da carne.

Desde esse dia, as claridades do Pentecostes jorraram sobre o mundo, incessantemente. Até aí, os discípulos eram frágeis e indecisos, mas, dessa hora em diante, quebram as influências do meio, curam os doentes, levantam o espírito dos infortunados, falam aos reis da Terra em nome do Senhor.

O poder de Jesus se lhes comunicara às energias reduzidas.

Estabelecera-se a era da mediunidade, alicerce de todas as realizações do Cristianismo, através dos séculos.

Contra o seu influxo, trabalham, até hoje, os prejuízos morais que avassalam os caminhos do homem, mas é sobre a mediunidade, gloriosa luz dos céus oferecida às criaturas, no Pentecostes, que se edificam as construções espirituais de todas as comunidades sinceras da Doutrina do Cristo e é ainda ela que, dilatada dos apóstolos ao círculo de todos os homens, ressurge no Espiritismo cristão, como a alma imortal do Cristianismo Redivivo.

11
Conforto

Se alguém me serve, siga-me.
JESUS (*João*, 12:26.)

Frequentemente, as organizações religiosas e mormente as espiritistas, na atualidade, estão repletas de pessoas ansiosas por um conforto.

De fato, a elevada Doutrina dos Espíritos é a divina expressão do Consolador Prometido. Em suas atividades resplendem caminhos novos para o pensamento humano, cheios de profundas consolações para os dias mais duros.

No entanto, é imprescindível ponderar que não será justo querer alguém confortar-se, sem se dar ao trabalho necessário...

Muitos pedem amparo aos mensageiros do Plano Invisível; mas como recebê-lo, se chegaram ao cúmulo de abandonar-se ao sabor da ventania impetuosa que sopra, de rijo, nos resvaladouros dos caminhos?

Conforto espiritual não é como o pão do mundo, que passa, mecanicamente, de mão em mão, para saciar a fome do corpo, mas, sim, como o Sol, que é o mesmo para todos, penetrando, porém, somente nos lugares onde não se haja feito um reduto fechado para as sombras.

Os discípulos de Jesus podem referir-se às suas necessidades de conforto. Isso é natural. Todavia, antes disso, necessitam saber se estão servindo ao Mestre e seguindo-o. O Cristo nunca faltou às suas promessas. Seu Reino Divino se ergue sobre consolações imortais; mas, para atingi-lo, faz-se necessário seguir-lhe os passos e ninguém ignora qual foi o caminho de Jesus, nas pedras deste mundo.

12
Educação no lar

Vós fazeis o que também vistes junto de vosso pai.
Jesus (*João*, 8:38.)

Preconiza-se na atualidade do mundo uma educação pela liberdade plena dos instintos do homem, olvidando-se, pouco a pouco, os antigos ensinamentos quanto à formação do caráter no lar; a coletividade, porém, cedo ou tarde, será compelida a reajustar seus propósitos.

Os pais humanos têm de ser os primeiros mentores da criatura. De sua missão amorosa, decorre a organização do ambiente justo. Meios corrompidos significam maus pais entre os que, a peso de longos sacrifícios, conseguem manter, na invigilância coletiva, a segurança possível contra a desordem ameaçadora.

A tarefa doméstica nunca será uma válvula para gozos improdutivos, porque constitui trabalho e cooperação com Deus. O homem ou a mulher que desejam ao mesmo tempo ser pais e gozadores da vida terrestre estão cegos e terminarão seus loucos esforços, espiritualmente falando, na vala comum da inutilidade.

Debalde se improvisarão sociólogos para substituir a educação no lar por sucedâneos abstrusos que envenenam a alma. Só um espírito que haja compreendido a paternidade de Deus, acima de tudo, consegue escapar à lei pela qual os filhos sempre imitarão os pais, ainda quando estes sejam perversos.

Ouçamos a palavra do Cristo e, se tendes filhos na Terra, guardai a declaração do Mestre, como advertência.

13
Que é a carne?

*Se vivemos em espírito, andemos
também em espírito.*
PAULO (*Gálatas*, 5:25.)

Quase sempre, quando se fala de espiritualidade, apresentam-se muitas pessoas que se queixam das exigências da carne.

É verdade que os apóstolos muitas vezes falaram de concupiscências da carne, de seus criminosos impulsos e nocivos desejos. Nós mesmos, frequentemente, sentimo-nos na necessidade de aproveitar o símbolo para tornar mais acessíveis as lições do Evangelho. O próprio Mestre figurou que o espírito, como elemento divino, é forte, mas que a carne, como expressão humana, é fraca.

Entretanto, que é a carne?

Cada personalidade espiritual tem o seu corpo fluídico e ainda não percebestes, porventura, que a carne é um composto de fluidos condensados? Naturalmente, esses fluidos, em se reunindo, obedecerão aos imperativos da existência terrestre, no que designais por lei de hereditariedade; mas, esse conjunto é passivo e não determina por si. Podemos figurá-lo como casa terrestre, dentro da qual o espírito é dirigente, habitação essa que tomará as características boas ou más de seu possuidor.

Quando falamos em pecados da carne, podemos traduzir a expressão por faltas devidas à condição inferior do homem espiritual sobre o planeta.

Os desejos aviltantes, os impulsos deprimentes, a ingratidão, a má-fé, o traço do traidor, nunca foram da carne.

É preciso se instale no homem a compreensão de sua necessidade de autodomínio, acordando-lhe as faculdades de disciplinador e renovador de si mesmo, em Jesus Cristo.

Um dos maiores absurdos de alguns discípulos é atribuir ao conjunto de células passivas, que servem ao homem, a paternidade dos crimes e desvios da Terra, quando sabemos que tudo procede do espírito.

14
Em ti mesmo

Tens fé? Tem-na em ti mesmo, diante de Deus.
PAULO (*Romanos*, 14:22.)

No mecanismo das realizações diárias, não é possível esquecer a criatura aquela expressão de confiança em si mesma, e que deve manter na esfera das obrigações que tem de cumprir à face de Deus.

Os que vivem na certeza das promessas divinas são os que guardam a fé no poder relativo que lhes foi confiado e, aumentando-o pelo próprio esforço, prosseguem nas edificações definitivas, com vistas à eternidade.

Os que, no entanto, permanecem desalentados quanto às suas possibilidades, esperando em promessas humanas, dão a ideia de fragmentos de cortiça, sem finalidade própria, ao sabor das águas, sem roteiro e sem ancoradouro.

Naturalmente, ninguém poderá viver na Terra sem confiar em alguém de seu círculo mais próximo; mas, a afeição, o laço amigo, o calor das dedicações elevadas não podem excluir a confiança em si mesmo, diante do Criador.

Na esfera de cada criatura, Deus pode tudo; não dispensa, porém, a cooperação, a vontade e a confiança do filho para realizar. Um pai que fizesse, mecanicamente, o quadro de felicidades dos seus descendentes, exterminaria, em cada um, as faculdades mais brilhantes.

Por que te manterás indeciso, se o Senhor te conferiu este ou aquele trabalho justo? Faze-o retamente, porque, se Deus tem confiança em ti para alguma coisa, deves confiar em ti mesmo, diante d'Ele.

15
Conversão

E tu, quando te converteres, confirma teus irmãos.
JESUS (*Lucas*, 22:32.)

Não é tão fácil a conversão do homem, quanto afirmam os portadores de convicções apressadas.

Muitos dizem "eu creio", mas poucos podem declarar "estou conformado".

As palavras do Mestre a Simão Pedro são muito simbólicas. Jesus proferiu-as, na véspera do Calvário, na hora grave da última reunião com os discípulos. Recomendava ao pescador de Cafarnaum confirmasse os irmãos na fé, quando se convertesse.

Acresce notar que Pedro sempre foi o seu mais ativo companheiro de apostolado. O Mestre preferia sempre a sua casa singela para exercer o divino ministério do amor. Durante três anos sucessivos, Simão presenciou acontecimentos assombrosos. Viu leprosos[3] limpos, cegos que voltavam a ver, loucos que recuperavam a razão; deslumbrara-se com a visão do Messias transfigurado no Tabor, assistira a saída de Lázaro da escuridão do sepulcro, e, no entanto, ainda não estava convertido.

Seriam necessários os trabalhos imensos de Jerusalém, os sacrifícios pessoais, as lutas enormes consigo mesmo, para que pudesse converter-se ao Evangelho e dar testemunho do Cristo aos seus irmãos.

Não será por se maravilhar tua alma, ante as revelações espirituais, que estarás convertido e transformado para Jesus. Simão Pedro presenciou essas revelações com o próprio Messias e custou muito a obter esses títulos. Trabalhemos, portanto, por nos convertermos. Somente nessas condições, estaremos habilitados para o testemunho.

---

[3] N.E.: Na época em que esta obra foi escrita, esse termo era comum, mas atualmente é considerado pejorativo e/ou preconceituoso. Hanseníase, morfeia, mal de Hansen ou mal de Lázaro é uma doença infecciosa causada pelo bacilo *Mycobacterium leprae* (também conhecido como *bacilo de hansen*), que afeta os nervos e a pele, podendo provocar danos severos.

16
Endireitai os caminhos

*Endireitai o caminho do Senhor,
como disse o profeta Isaías.*
JOÃO BATISTA (*João*, 1:23.)

A exortação do Precursor permanece no ar, convocando os homens de boa vontade à regeneração das estradas comuns.

Em todos os tempos, observamos criaturas que se candidatam à fé, que anseiam pelos benefícios do Cristo. Clamam pela sua paz, pela Presença Divina e, por vezes, após transformarem os melhores sentimentos em inquietação injusta, acabam desanimadas e vencidas.

Onde está Jesus que não lhes veio ao encontro dos rogos sucessivos? em que esfera longínqua permanecerá o Senhor, distante de suas amarguras? Não compreendem que, através de mensageiros generosos do seu amor, o Cristo se encontra, em cada dia, ao lado de todos os discípulos sinceros. Falta-lhes dedicação ao bem de si mesmos. Correm ao encalço do Mestre Divino, desatentos ao conselho de João: "endireitai os caminhos".

Para que alguém sinta a influência santificadora do Cristo, é preciso retificar a estrada em que tem vivido. Muitos choram em veredas do crime, lamentam-se nos resvaladouros do erro sistemático, invocam o céu sem o desapego às paixões avassaladoras do campo material. Em tais condições, não é justo dirigir-se a alma ao Salvador, que aceitou a humilhação e a cruz sem queixas de qualquer natureza.

Se queres que Jesus venha santificar as tuas atividades, endireita os caminhos da existência, regenera os teus impulsos, desfaze as sombras que te rodeiam e senti-lo-ás, ao teu lado, com a sua bênção.

17
Por Cristo

*E se te fez algum dano, ou te deve alguma
coisa, põe isso à minha conta.*
PAULO (*Filemon,* 1:18.)

Enviando Onésimo a Filemon, Paulo, nas suas expressões inspiradas e felizes, recomendava ao amigo lançasse ao seu débito quanto lhe era devido pelo portador.

Afeiçoemos a exortação às nossas necessidades próprias.

Em cada novo dia de luta, passamos a ser maiores devedores do Cristo.

Se tudo nos corre dificilmente, é de Jesus que nos chegam as providências justas. Se tudo se desenvolve retamente, é por seu amor que utilizamos as dádivas da vida e é, em seu nome, que distribuímos esperanças e consolações.

Estamos *empenhados* à sua inesgotável misericórdia.

Somos *d'Ele* e nessa circunstância reside nosso título mais alto.

Por que, então, o pessimismo e o desespero, quando a calúnia ou a ingratidão nos ataquem de rijo, trazendo-nos a possibilidade de mais vasta ascensão? Se estamos totalmente empenhados ao amor infinito do Mestre, não será razoável compreendermos pelo menos alguma particularidade de nossa dívida imensa, dispondo-nos a aceitar pequenina parcela de sofrimento, em memória de seu nome, junto de nossos irmãos da Terra, que são seus tutelados igualmente?

Devemos refletir que quando falamos em paz, em felicidade, em vida superior, agimos no campo da confiança, prometendo por conta do Cristo, porquanto só Ele tem para dar em abundância.

Em vista disso, caso sintas que alguém se converteu em devedor de tua alma, não te entregues a preocupações inúteis, porque o Cristo é também teu credor e deves colocar os danos do caminho em sua conta divina, passando adiante.

18
Purificação íntima

Alimpai as mãos, pecadores; e, vós de duplo ânimo, purificai os corações.
(*Tiago*, 4:8.)

Cada homem tem a vida exterior, conhecida e analisada pelos que o rodeiam, e a vida íntima da qual somente ele próprio poderá fornecer o testemunho.

O mundo interior é a fonte de todos os princípios bons ou maus e todas as expressões exteriores guardam aí os seus fundamentos.

Em regra geral, todos somos portadores de graves deficiências íntimas, necessitadas de retificação.

Mas o trabalho de purificar não é tão simples quanto parece.

Será muito fácil ao homem confessar a aceitação de verdades religiosas, operar a adesão verbal a ideologias edificantes... Outra coisa, porém, é realizar a obra da elevação de si mesmo, valendo-se da autodisciplina, da compreensão fraternal e do espírito de sacrifício.

O Apóstolo Tiago entendia perfeitamente a gravidade do assunto e aconselhava aos discípulos alimpassem as mãos, isto é, retificassem as atividades do plano exterior, renovassem suas ações ao olhar de todos, apelando para que se efetuasse, igualmente, a purificação do sentimento, no recinto sagrado da consciência, apenas conhecido pelo aprendiz, na soledade indevassável de seus pensamentos. O companheiro valoroso do Cristo, contudo, não se esqueceu de afirmar que isso é trabalho para os de duplo ânimo, porque semelhante renovação jamais se fará tão somente à custa de palavras brilhantes.

19
Na propaganda

*E dir-vos-ão: Ei-lo aqui, ou,
ei-lo ali; não vades, nem os sigais.*
JESUS (*Lucas*, 17:23.)

As exortações do Mestre aos discípulos são muito precisas para provocarem qualquer incerteza ou indecisão.

Quando tantas expressões sectárias requisitam o Cristo para os seus desmandos intelectuais, é justo que os aprendizes novos, na luz do Consolador, meditem a elevada significação deste versículo de *Lucas*.

Na propaganda genuinamente cristã, não basta dizer onde está o Senhor. Indispensável é mostrá-lo na própria exemplificação.

Muitos percorrem templos e altares, procurando Jesus.

Mudar de crença religiosa pode ser modificação de caminho, mas pode ser também continuidade de perturbação.

Torna-se necessário encontrar o Cristo no santuário interior.

Cristianizar a vida não é imprimir-lhe novas feições exteriores. É reformá-la para o bem no âmbito particular.

Os que afirmam apenas na forma verbal que o Mestre se encontra aqui ou ali, arcam com profundas responsabilidades. A preocupação de proselitismo é sempre perigosa para os que se seduzem com as belezas sonoras da palavra sem exemplos edificantes.

O discípulo sincero sabe que dizer é fácil, mas que é difícil revelar os propósitos do Senhor na existência própria. É imprescindível fazer o bem, antes de ensiná-lo a outrem, porque Jesus recomendou ninguém seguisse os pregoeiros que somente dissessem onde se poderia encontrar o Filho de Deus.

20
O companheiro

*Não devias tu igualmente ter
compaixão do teu companheiro, como
eu também tive misericórdia de ti?*
JESUS (*Mateus*, 18:33.)

Em qualquer parte, não pode o homem agir, isoladamente, em se tratando da obra de Deus, que se aperfeiçoa em todos os lugares.

O Pai estabeleceu a cooperação como princípio dos mais nobres, no centro das leis que regem a vida.

No recanto mais humilde, encontrarás um companheiro de esforço.

Em casa, ele pode chamar-se "pai" ou "filho"; no caminho, pode denominar-se "amigo" ou "camarada de ideal".

No fundo, há um só Pai que é Deus e uma grande família que se compõe de irmãos.

Se o Eterno encaminhou ao teu ambiente um companheiro menos desejável, tem compaixão e ensina sempre.

Eleva os que te rodeiam.

Santifica os laços que Jesus promoveu a bem de tua alma e de todos os que te cercam.

Se a tarefa apresenta obstáculos, lembra-te das inúmeras vezes em que o Cristo já aplicou misericórdia ao teu espírito. Isso atenua as sombras do coração.

Observa em cada companheiro de luta ou do dia uma bênção e uma oportunidade de atender ao programa divino, acerca de tua existência.

Há dificuldades e percalços, incompreensões e desentendimentos? Usa a misericórdia que Jesus já usou contigo, dando-te nova ocasião de santificar e de aprender.

21
Caminhos retos

*E Ele lhes disse: Lançai a rede para a
banda direita do barco e achareis.*
(*João*, 21:6.)

A vida deveria constituir, por parte de todos nós, rigorosa observância dos sagrados interesses de Deus.

Frequentemente, porém, a criatura busca sobrepor-se aos desígnios divinos.

Estabelece-se, então, o desequilíbrio, porque ninguém enganará a Divina Lei. E o homem sofre, compulsoriamente, na tarefa de reparação.

Alguns companheiros desesperam-se no bom combate pela perfeição própria e lançam-se num verdadeiro inferno de sombras interiores. Queixam-se do destino, acusam a sabedoria criadora, gesticulam nos abismos da maldade, esquecendo o capricho e a imprevidência que os fizeram cair.

Jesus, no entanto, há quase vinte séculos, exclamou:

"Lançai a rede para a banda direita do barco e achareis."

Figuradamente, o espírito humano é um "pescador" dos valores evolutivos, na escola regeneradora da Terra. A posição de cada qual é o "barco". Em cada novo dia, o homem se levanta com a sua "rede" de interesses. Estaremos lançando a nossa "rede" para a "banda direita"? Fundam-se nossos pensamentos e atos sobre a verdadeira justiça?

Convém consultar a vida interior, em esforço diário, porque o Cristo, nesse ensinamento, recomendava, de modo geral, aos seus discípulos: Dedicai vossa atenção aos caminhos retos e achareis o necessário.

22
Que buscais?

E Jesus, voltando-se e vendo que eles o seguiam, disse-lhes: Que buscais?
(*João*, 1:38.)

A vida em si é conjunto divino de experiências.

Cada existência isolada oferece ao homem o proveito de novos conhecimentos. A aquisição de valores religiosos, entretanto, é a mais importante de todas, em virtude de constituir o movimento de iluminação definitiva da alma para Deus.

Os homens, contudo, estendem a esse departamento divino a sua viciação de sentimentos, no jogo inferior dos interesses egoísticos.

Os templos de pedra estão cheios de promessas injustificáveis e de votos absurdos.

Muitos devotos entendem encontrar na Divina Providência uma força subornável, eivada de privilégios e preferências. Outros se socorrem do Plano Espiritual com o propósito de solucionar problemas mesquinhos.

Esquecem-se de que o Cristo ensinou e exemplificou.

A cruz do Calvário é símbolo vivo.

Quem deseja a liberdade precisa obedecer aos desígnios supremos. Sem a compreensão de Jesus, no campo íntimo, associada aos atos de cada dia, a alma será sempre a prisioneira de inferiores preocupações.

Ninguém olvide a verdade de que o Cristo se encontra no umbral de todos os templos religiosos do mundo, perguntando, com interesse, aos que entram: "Que buscais?"

23
Viver pela fé

Mas o justo viverá pela fé.
PAULO (*Romanos*, 1:17.)

Na epístola aos romanos, Paulo afirma que o justo viverá pela fé.

Não poucos aprendizes interpretaram erradamente a assertiva. Supuseram que viver pela fé seria executar rigorosamente as cerimônias exteriores dos cultos religiosos.

Frequentar os templos, harmonizar-se com os sacerdotes, respeitar a simbologia sectária, indicariam a presença do homem justo. Mas nem sempre vemos o bom ritualista aliado ao bom homem. E, antes de tudo, é necessário ser criatura de Deus, em todas as circunstâncias da existência.

Paulo de Tarso queria dizer que o justo será sempre fiel, viverá de modo invariável, na verdadeira fidelidade ao Pai que está nos céus.

Os dias são ridentes e tranquilos? tenhamos boa memória e não desdenhemos a moderação. São escuros e tristes? confiemos em Deus, sem cuja permissão a tempestade não desabaria. Veio o abandono do mundo? o Pai jamais nos abandona. Chegaram as enfermidades, os desenganos, a ingratidão e a morte? eles são todos bons amigos, por trazerem até nós a oportunidade de sermos justos, de vivermos pela fé, segundo as disposições sagradas do Cristianismo.

24
O tesouro enferrujado

O vosso ouro e a vossa prata se enferrujaram.
(*Tiago*, 5:3.)

Os sentimentos do homem, nas suas próprias ideias apaixonadas, se dirigidos para o bem, produziriam sempre, em consequência, os mais substanciosos frutos para a obra de Deus. Em quase toda parte, porém, desenvolvem-se ao contrário, impedindo a concretização dos propósitos divinos, com respeito à redenção das criaturas.

De modo geral, vemos o amor interpretado tão somente à conta de emoção transitória dos sentidos materiais, a beneficência produzindo perturbação entre dezenas de pessoas para atender a três ou quatro doentes, a fé organizando guerras sectárias, o zelo sagrado da existência criando egoísmo fulminante. Aqui, o perdão fala de dificuldades para expressar-se; ali, a humildade pede a admiração dos outros.

Todos os sentimentos que nos foram conferidos por Deus são sagrados. Constituem o ouro e a prata de nossa herança, mas, como assevera o apóstolo, deixamos que as dádivas se enferrujassem, no transcurso do tempo.

Faz-se necessário trabalhemos, afanosamente, por eliminar a "ferrugem" que nos atacou os tesouros do espírito. Para isso, é indispensável compreendamos no Evangelho a história da renúncia perfeita e do perdão sem obstáculos, a fim de que estejamos caminhando, verdadeiramente, ao encontro do Cristo.

25
Tende calma

E disse Jesus: Mandai assentar os homens.
(*João*, 6:10.)

Esta passagem do *Evangelho de João* é das mais significativas. Verifica-se quando a multidão de quase cinco mil pessoas tem necessidade de pão, no isolamento da Natureza.

Os discípulos estão preocupados.

Filipe afirma que duzentos dinheiros não bastarão para atender à dificuldade imprevista.

André conduz ao Mestre um jovem que trazia consigo cinco pães de cevada e dois peixes.

Todos discutem.

Jesus, entretanto, recebe a migalha sem descrer de sua preciosa significação e manda que todos se assentem, pede que haja ordem, que se faça harmonia. E distribui o recurso com todos, maravilhosamente.

A grandeza da lição é profunda.

Os homens esfomeados de paz reclamam a assistência do Cristo. Falam n'Ele, suplicam-lhe socorro, aguardam-lhe as manifestações. Não conseguem, todavia, estabelecer a ordem em si mesmos, para a recepção dos recursos celestes. Misturam Jesus com as suas imprecações, suas ansiedades loucas e seus desejos criminosos. Naturalmente se desesperam, cada vez mais desorientados, porquanto não querem ouvir o convite à calma, não se assentam para que se faça a ordem, persistindo em manter o próprio desequilíbrio.

26
Padecer

Nada temas das coisas que hás de padecer.
(*Apocalipse*, 2:10.)

Uma das maiores preocupações do Cristo foi alijar os fantasmas do medo das estradas dos discípulos.

A aquisição da fé não constitui fenômeno comum nas sendas da vida. Traduz confiança plena.

Afinal, que significará "padecer"?

O sofrimento de muitos homens, na essência, é muito semelhante ao do menino que perdeu seus brinquedos.

Numerosas criaturas sentem-se eminentemente sofredoras, por não lhes ser possível a prática do mal, revoltam-se outras porque Deus não lhes atendeu aos caprichos perniciosos.

A fim de prestar a devida cooperação ao Evangelho, é justo nos incorporemos à caravana fiel que se pôs a caminho do encontro com Jesus, compreendendo que o amigo leal é o que não procura contender e está sempre disposto à execução das boas tarefas.

Participar do espírito de serviço evangélico é partilhar das decisões do Mestre, cumprindo os desígnios divinos do Pai que está nos Céus.

Não temamos, pois, o que possamos vir a sofrer.

Deus é o Pai magnânimo e justo.

Um pai não distribui padecimentos. Dá corrigendas e toda corrigenda aperfeiçoa.

27
Negócios

E Ele lhes disse: Por que me procuráveis? não sabíeis que me convém tratar dos negócios de meu Pai?
(*Lucas*, 2:49.)

O homem do mundo está sempre preocupado pelos negócios referentes aos seus interesses efêmeros.

Alguns passam a existência inteira, observando a cotação das bolsas. Absorvem-se outros no estudo dos mercados.

Os países têm negócios internos e externos. Nos serviços que lhes dizem respeito, utilizam-se maravilhosas atividades da inteligência. Entretanto, apesar de sua feição respeitável, quando legítimas, todos esses movimentos são precários e transitórios. As bolsas mais fortes sofrerão crises; o comércio do mundo é versátil e, por vezes, ingrato.

São muito raros os homens que se consagram aos seus interesses eternos. Frequentemente, lembram-se disso, muito tarde, quando o corpo permanece a morrer. Só então, quebram o esquecimento fatal.

No entanto, a criatura humana deveria entender na iluminação de si mesma o melhor negócio da Terra, porquanto semelhante operação representa o interesse da Providência Divina, a nosso respeito.

Deus permitiu as transações no planeta, para que aprendamos a fraternidade nas expressões da troca, deixou que se processassem os negócios terrenos, de modo a ensinar-nos, através deles, qual o maior de todos. Eis por que o Mestre nos fala claramente, nas anotações de Lucas: – "Não sabíeis que me convém tratar dos negócios de meu Pai?".

28
Escritores

*Guardai-vos dos escribas que gostam
de andar com vestes compridas.*
JESUS (*Marcos*, 12:38.)

As letras do mundo sempre estiveram cheias de "escribas que gostam de andar com vestes compridas".

Jesus referia-se, não só aos intelectuais ambiciosos, mas também aos escritores excêntricos que, a pretexto de novidade, envenenam os espíritos com as suas concepções doentias, oriundas da excessiva preocupação de originalidade.

É preciso fugir aos que matam a vida simples.

O tóxico intelectual costuma arruinar numerosas existências.

Há livros cuja função útil é a de manter aceso o archote da vigilância nas almas de caráter solidificado nos ideais mais nobres da vida. Ainda agora, quando atravessamos tempos perturbados e difíceis para o homem, o mercado de ideias apresenta-se repleto de artigos deteriorados, pedindo a intervenção dos postos de "higiene espiritual".

Poderíeis alimentar o corpo com substâncias apodrecidas?

Vossa alma, igualmente, não poderá nutrir-se de ideais inferiores, na base da irreligião, do desrespeito, da desordem, da indisciplina.

Observai os modelos de decadência intelectual e refleti com sinceridade na paz que desejais intimamente. Isso constituirá um auxílio forte, em favor da extinção dos desvios da inteligência.

29
Contentar-se

Não digo isto como por necessidade, porque já aprendi a contentar-me com o que tenho.
PAULO (*Filipenses*, 4:11.)

A vertigem da posse avassala a maioria das criaturas na Terra.

A vida simples, condição da felicidade relativa que o planeta pode oferecer, foi esquecida pela generalidade dos homens. Esmagadora percentagem das súplicas terrestres não consegue avançar além do seu acanhado âmbito de origem.

Pedem-se a Deus absurdos estranhos. Raras pessoas se contentam com o material recebido para a solução de suas necessidades, raríssimas pedem apenas o "pão de cada dia", como símbolo das aquisições indispensáveis.

O homem incoerente não procura saber se possui o menos para a vida eterna, porque está sempre ansioso pelo mais nas possibilidades transitórias. Geralmente, permanece absorvido pelos interesses perecíveis, insaciado, inquieto, sob o tormento angustioso da desmedida ambição. Na corrida louca para o imediatismo, esquece a oportunidade que lhe pertence, abandona o material que lhe foi concedido para a evolução própria e atira-se a aventuras de consequências imprevisíveis, em face do seu futuro infinito.

Se já compreendes tuas responsabilidades com o Cristo, examina a essência de teus desejos mais íntimos. Lembra-te de que Paulo de Tarso, o apóstolo chamado por Jesus para a disseminação da verdade divina, entre os homens, foi obrigado a aprender a contentar-se com o que possuía, penetrando o caminho de disciplinas acerbas.

Estarás, acaso, esperando que alguém realize semelhante aprendizado por ti?

30
O mundo e o mal

Não peço que os tires do mundo,
mas que os livres do mal.
JESUS (*João*, 17:15.)

Nos centros religiosos, há sempre grande número de pessoas preocupadas com a ideia da morte. Muitos companheiros não creem na paz, nem no amor, senão em planos diferentes da Terra. A maioria aguarda situações imaginárias e injustificáveis para quem nunca levou em linha de conta o esforço próprio.

O anseio de morrer para ser feliz é enfermidade do espírito.

Orando ao Pai pelos discípulos, Jesus rogou para que não fossem retirados do mundo, e, sim, libertos do mal.

O mal, portanto, não é essencialmente do mundo, mas das criaturas que o habitam.

A Terra, em si, sempre foi boa. De sua lama brotam lírios de delicado aroma, sua Natureza maternal é repositório de maravilhosos milagres que se repetem todos os dias.

De nada vale partirmos do planeta, quando nossos males não foram exterminados convenientemente. Em tais circunstâncias, assemelhamo-nos aos portadores humanos das chamadas moléstias incuráveis. Podemos trocar de residência, todavia, a mudança é quase nada se as feridas nos acompanham. Faz-se preciso, pois, embelezar o mundo e aprimorá-lo, combatendo o mal que está em nós.

31
Coisas mínimas

Pois, se nem ainda podeis fazer as coisas mínimas, por que estais ansiosos pelas outras?
JESUS (*Lucas*, 12:26.)

Pouca gente conhece a importância da boa execução das coisas mínimas.

Há homens que, com falsa superioridade, zombam das tarefas humildes, como se não fossem imprescindíveis ao êxito dos trabalhos de maior envergadura. Um sábio não pode esquecer-se de que, um dia, necessitou aprender com as letras simples do alfabeto.

Além disso, nenhuma obra é perfeita se as particularidades não foram devidamente consideradas e compreendidas.

De modo geral, o homem está sempre fascinado pelas situações de grande evidência, pelos destinos dramáticos e empolgantes.

Destacar-se, entretanto, exige muitos cuidados. Os espinhos também se destacam, as pedras salientam-se na estrada comum.

Convém, desse modo, atender às coisas mínimas da senda que Deus nos reservou, para que a nossa ação se fixe com real proveito à vida.

A sinfonia estará perturbada se faltou uma nota, o poema é obscuro quando se omite um verso.

Estejamos zelosos pelas coisas pequeninas. São parte integrante e inalienável dos grandes feitos. Compreendendo a importância disso, o Mestre nos interroga no *Evangelho de Lucas*: "Pois, se nem podeis ainda fazer as coisas mínimas, por que estais ansiosos pelas outras?".

32
Nuvens

*E saiu da nuvem uma voz que dizia: Este
é o meu amado Filho, a Ele ouvi.*
(*Lucas*, 9:35.)

O homem, quase sempre, tem a mente absorvida na contemplação das nuvens que lhe surgem no horizonte. São nuvens de contrariedades, de projetos frustrados, de esperanças desfeitas.

Por vezes, desespera-se envenenando as fontes da própria vida. Desejaria, invariavelmente, um céu azul a distância, um Sol brilhante no dia e luminosas estrelas que lhe embelezassem a noite. No entanto, aparece a nuvem e a perplexidade o toma, de súbito.

Conta-nos o Evangelho a formosa história de uma nuvem.

Encontravam-se os discípulos deslumbrados com a visão de Jesus transfigurado, tendo junto de si Moisés e Elias, aureolados de intensa luz.

Eis, porém, que uma grande sombra comparece. Não mais distinguem o maravilhoso quadro. Todavia, do manto de névoa espessa, clama a voz poderosa da revelação divina: "Este é o meu amado Filho, a Ele ouvi!".

Manifestava-se a palavra do Céu, na sombra temporária.

A existência terrestre, efetivamente, impõe angústias inquietantes e aflições amargosas. É conveniente, contudo, que as criaturas guardem serenidade e confiança, nos momentos difíceis.

As penas e os dissabores da luta planetária contêm esclarecimentos profundos, lições ocultas, apelos grandiosos. A voz sábia e amorosa de Deus fala sempre através deles.

33
Recapitulações

*Porque amavam mais a glória dos
homens do que a glória de Deus.
(João, 12:43.)*

Os séculos parecem reviver com seus resplendores e decadências.

Fornece o mundo a impressão dum campo onde as cenas se repetem constantemente.

Tudo instável.

A força e o direito caminham com alternativas de domínio. Multidões esclarecidas regressam a novas alucinações. O espírito humano, a seu turno, considerado insuladamente, demonstra recapitular as más experiências, após alcançar o bom conhecimento.

Como esclarecer a anomalia? A situação é estranhável porque, no fundo, todo homem tem sede de paz e fome de estabilidade. Importa reconhecer, porém, que, no curso dos milênios, as criaturas humanas, em múltiplas existências, têm amado mais a glória terrena que a glória de Deus.

Inúmeros homens se presumem redimidos com a meditação criteriosa do crepúsculo, mas... e o dia que já se foi? Na justiça misericordiosa de suas decisões, Jesus concede ao trabalhador hesitante uma oportunidade nova. O dia volta. Refunde-se a existência. Todavia, que aproveita ao operário valer-se tão somente dos bens eternos, no crepúsculo cheio de sombras?

Alguém lhe perguntará: que fizeste da manhã clara, do Sol ardente, dos instrumentos que te dei? Apenas a essa altura reconhece a necessidade de gloriar-se no Todo-Poderoso. E homens e povos continuarão desfazendo a obra falsa para recomeçar o esforço outra vez.

34
Comer e beber

*Então, começareis a dizer: Temos comido e bebido
na tua presença e tens ensinado nas nossas ruas.*
JESUS (*Lucas*, 13:26.)

O versículo de Lucas, aqui anotado, refere-se ao pai de família que cerrou a porta aos filhos ingratos.

O quadro reflete a situação dos religiosos de todos os matizes que apenas falaram, em demasia, reportando-se ao nome de Jesus. No dia da análise minuciosa, quando a morte abre, de novo, a porta espiritual, eis que dirão haver "comido e bebido" na presença do Mestre, cujos ensinamentos conheceram e disseminaram nas ruas.

Comeram e beberam apenas. Aproveitaram-se dos recursos egoisticamente. Comeram e acreditaram com a fé intelectual. Beberam e transmitiram o que haviam aprendido de outrem.

Assimilar a lição na existência própria não lhes interessava à mente inconstante.

Conheceram o Mestre, é verdade, mas não o revelaram em seus corações. Também Jesus conhecia Deus; no entanto, não se limitou a afirmar a realidade dessas relações. Viveu o amor ao Pai, junto dos homens. Ensinando a verdade, entregou-se à redenção humana, sem cogitar de recompensa. Entendeu as criaturas antes que essas o entendessem, concedeu-nos supremo favor com a sua vinda, deu-se em holocausto para que aprendêssemos a ciência do bem.

Não bastará crer intelectualmente em Jesus. É necessário aplicá-lo a nós próprios.

O homem deve cultivar a meditação no círculo dos problemas que o preocupam cada dia. Os irracionais também comem e bebem. Contudo, os filhos das nações nascem na Terra para uma vida mais alta.

35
Semeadura

Mas, tendo sido semeado, cresce.
JESUS (*Marcos*, 4:32.)

É razoável que todos os homens procurem compreender a substância dos atos que praticam nas atividades diárias. Ainda que estejam obedecendo a certos regulamentos do mundo, que os compelem a determinadas atitudes, é imprescindível examinar a qualidade de sua contribuição pessoal no mecanismo das circunstâncias, porquanto é da Lei de Deus que toda semeadura se desenvolva.

O bem semeia a vida, o mal semeia a morte. O primeiro é o movimento evolutivo na escala ascensional para a Divindade, o segundo é a estagnação.

Muitos Espíritos, de corpo em corpo, permanecem na Terra com as mesmas recapitulações durante milênios. A semeadura prejudicial condicionou-os à chamada "morte no pecado". Atravessam os dias, resgatando débitos escabrosos e caindo de novo pela renovação da sementeira indesejável. A existência deles constitui largo círculo vicioso, porque o mal os enraíza ao solo ardente e árido das paixões ingratas.

Somente o bem pode conferir o galardão da liberdade suprema, representando a chave única suscetível de abrir as portas sagradas do Infinito à alma ansiosa.

Haja, pois, suficiente cuidado em nós, cada dia, porquanto o bem ou o mal, tendo sido semeados, crescerão junto de nós, de conformidade com as leis que regem a vida.

36
Heresias

E até importa que haja entre vós heresias, para que os que são sinceros se manifestem entre vós.
PAULO *(I Coríntios,* 11:19.)

Recebamos os hereges com simpatia, falem livremente os materialistas, ninguém se insurja contra os que duvidam, que os descrentes possuam tribunais e vozes.

Isso é justo.

Paulo de Tarso escreveu este versículo sob profunda inspiração.

Os que condenam os desesperados da sorte não ajuízam sobre o amor divino, com a necessária compreensão. Que dizer-se do pai que amaldiçoa o filho por haver regressado a casa enfermo e sem esperança?

Quem não consegue crer em Deus está doente. Nessa condição, a palavra dos desesperados é sincera, por partir de almas vazias, em gritos de socorro, por mais dissimulados que esses gritos pareçam, sob a capa brilhante dos conceitos filosóficos ou científicos do mundo. Ainda que os infelizes dessa ordem nos ataquem, seus esforços inúteis redundam a benefício de todos, possibilitando a seleção dos valores legítimos na obra iniciada.

Quanto à suposta necessidade de ministrarmos fé aos negadores, esqueçamos a presunção de satisfazê-los, guardando conosco a certeza de que Deus tem muito a dar-lhes. Recebamo-los como irmãos e estejamos convictos de que o Pai fará o resto.

37
Honras vás

Em vão, porém, me honram, ensinando doutrinas que são mandamentos de homens.
Jesus (*Marcos*, 7:7.)

A atualidade do Cristianismo oferece-nos lições profundas, relativamente à declaração acima mencionada.

Ninguém duvida do sopro cristão que anima a civilização do Ocidente. Cumpre notar, contudo, que a essência cristã, em seus institutos, não passou de sopro, sem renovações substanciais, porque, logo após o ministério divino do Mestre, vieram os homens e lavraram ordenações e decretos na presunção de honrar o Cristo, semeando, em verdade, separatismo e destruição.

Os últimos séculos estão cheios de figuras notáveis de reis, de religiosos e políticos que se afirmaram defensores do Cristianismo e apóstolos de suas luzes.

Todos eles escreveram ou ensinaram em nome de Jesus.

Os príncipes expediram mandamentos famosos, os clérigos publicaram bulas e compêndios, os administradores organizaram leis célebres. No entanto, em vão procuraram honrar o Salvador, ensinando doutrinas que são caprichos humanos, porquanto o mundo de agora ainda é campo de batalha das ideias, qual no tempo em que o Cristo veio pessoalmente a nós, apenas com a diferença de que o Farisaísmo, o Templo, o Sinédrio, o Pretório e a Corte de César possuem hoje outros nomes. Importa reconhecer, desse modo, que, sobre o esforço de tantos anos, é necessário renovar a compreensão geral e servir ao Senhor, não segundo os homens, mas de acordo com os seus próprios ensinamentos.

38
Pregações

E Ele lhes disse: Vamos às aldeias vizinhas para que eu ali também pregue; porque para isso vim.
(Marcos, 1:38.)

Neste versículo de Marcos, Jesus declara ter vindo ao mundo para a pregação. Todavia, como a significação do conceito tem sido erroneamente interpretada, é razoável recordar que, com semelhante assertiva, o Mestre incluía no ato de pregar todos os gestos sacrificiais de sua vida.

Geralmente, vemos na Terra a missão de ensinar muito desmoralizada.

A ciência oficial dispõe de cátedras, a política possui tribunas, a religião fala de púlpitos. Contudo, os que ensinam, com exceções louváveis, quase sempre se caracterizam por dois modos diferentes de agir. Exibem certas atitudes quando pregam, e adotam outras quando em atividade diária. Daí resulta a perturbação geral, porque os ouvintes se sentem à vontade para mudar a "roupa do caráter".

Toda dissertação moldada no bem é útil. Jesus veio ao mundo para isso, pregou a verdade em todos os lugares, fez discursos de renovação, comentou a necessidade do amor para a solução de nossos problemas. No entanto, misturou palavras e testemunhos vivos, desde a primeira manifestação de seu apostolado sublime até a cruz. Por pregação, portanto, o Mestre entendia igualmente os sacrifícios da vida. Enviando-nos divino ensinamento, nesse sentido, conta-nos o Evangelho que o Mestre vestia uma túnica sem costura na hora suprema do Calvário.

39
Entra e coopera

E ele, tremendo e atônito, disse: Senhor, que queres que eu faça? Respondeu-lhe o Senhor: – Levanta-te e entra na cidade e lá te será dito o que te convém fazer.
(Atos, 9:6.)

Esta particularidade dos *Atos dos apóstolos* reveste-se de grande beleza para os que desejam compreensão do serviço com o Cristo.

Se o Mestre aparecera ao rabino apaixonado de Jerusalém, no esplendor da luz divina e imortal, se lhe dirigira palavras diretas e inolvidáveis ao coração, por que não terminou o esclarecimento, recomendando-lhe, ao invés disso, entrar em Damasco, a fim de ouvir o que lhe convinha saber? É que a lei da cooperação entre os homens é o grande e generoso princípio, através do qual Jesus segue, de perto, a Humanidade inteira, pelos canais da inspiração.

O Mestre ensina aos discípulos e consola-os através deles próprios. Quanto mais o aprendiz lhe alcança a esfera de influenciação, mais habilitado estará para constituir-se em seu instrumento fiel e justo.

Paulo de Tarso contemplou o Cristo ressuscitado, em sua grandeza imperecível, mas foi obrigado a socorrer-se de Ananias para iniciar a tarefa redentora que lhe cabia junto dos homens.

Essa lição deveria ser bem aproveitada pelos companheiros que esperam ansiosamente a morte do corpo, suplicando transferência para os mundos superiores, tão somente por haverem ouvido maravilhosas descrições dos mensageiros divinos. Meditando o ensinamento, perguntem a si próprios o que fariam nas esferas mais altas, se ainda não se apropriaram dos valores educativos que a Terra lhes pode oferecer. Mais razoável, pois, se levantem do passado e penetrem a luta edificante de cada dia, na Terra, porquanto, no trabalho sincero da cooperação fraternal, receberão de Jesus o esclarecimento acerca do que lhes convém fazer.

40
Tempo de confiança

E disse-lhes: Onde está a vossa fé?
(*Lucas*, 8:25.)

A tempestade estabelecera a perturbação no ânimo dos discípulos mais fortes. Desorientados, ante a fúria dos elementos, socorrem-se de Jesus, em altos brados.

Atende-os o Mestre, mas pergunta depois:
– *Onde está a vossa fé?*

O quadro sugere ponderações de vasto alcance. A interrogação de Jesus indica claramente a necessidade de manutenção da confiança, quando tudo parece obscuro e perdido. Em tais circunstâncias, surge a ocasião da fé, no tempo que lhe é próprio.

Se há ensejo para trabalho e descanso, plantio e colheita, revelar-se-á igualmente a confiança na hora adequada.

Ninguém exercitará otimismo, quando todas as situações se conjugam para o bem-estar.

É difícil demonstrar-se amizade nos momentos felizes.

Aguardem os discípulos, naturalmente, oportunidades de luta maior, em que necessitarão aplicar mais extensa e intensivamente os ensinos do Senhor. Sem isso, seria impossível aferir valores.

Na atualidade dolorosa, inúmeros companheiros invocam a cooperação direta do Cristo. E o socorro vem sempre, porque é infinita a misericórdia celestial, mas, vencida a dificuldade, esperem a indagação:

– *Onde está a vossa fé?*

E outros obstáculos sobrevirão, até que o discípulo aprenda a dominar-se, a educar-se e a vencer, serenamente, com as lições recebidas.

41
A Regra Áurea

Amarás o teu próximo como a ti mesmo.
Jesus (*Mateus*, 22:39.)

Incontestavelmente, muitos séculos antes da vinda do Cristo já era ensinada no mundo a Regra Áurea, trazida por embaixadores de sua sabedoria e misericórdia. Importa esclarecer, todavia, que semelhante princípio era transmitido com maior ou menor exemplificação de seus expositores.

Diziam os gregos: "Não façais ao próximo o que não desejais receber dele".

Afirmavam os persas: "Fazei como quereis que se vos faça".

Declaravam os chineses: "O que não desejais para vós, não façais a outrem".

Recomendavam os egípcios: "Deixai passar aquele que fez aos outros o que desejava para si".

Doutrinavam os hebreus: "O que não quiserdes para vós, não desejeis para o próximo".

Insistiam os romanos: "A lei gravada nos corações humanos é amar os membros da sociedade como a si mesmo".

Na Antiguidade, todos os povos receberam a lei de ouro da magnanimidade do Cristo. Profetas, administradores, juízes e filósofos, porém, procederam como instrumentos mais ou menos identificados com a inspiração dos planos mais altos da vida. Suas figuras apagaram-se no recinto dos templos iniciáticos ou confundiram-se na tela do tempo, em vista de seus testemunhos fragmentários.

Com o Mestre, todavia, a Regra Áurea é a novidade divina, porque Jesus a ensinou e exemplificou, não com virtudes parciais, mas em plenitude de trabalho, abnegação e amor, à claridade das praças públicas, revelando-se aos olhos da Humanidade inteira.

42
Glória ao bem

Glória, porém, e honra e paz a qualquer que obra o bem.
PAULO (*Romanos*, 2:10.)

A malícia costuma conduzir o homem a falsas apreciações do bem, quando não parta da confissão religiosa a que se dedica, do ambiente de trabalho que lhe é próprio, da comunidade familiar em que se integra.

O egoísmo fá-lo crer que o bem completo só poderia nascer de *suas* mãos ou dos *seus*. Esse é dos característicos mais inferiores da personalidade.

O bem flui incessantemente de Deus e Deus é o Pai de todos os homens. E é através do homem bom que o Altíssimo trabalha contra o sectarismo que lhe transformou os filhos terrestres em combatentes contumazes, de ações estéreis e sanguinolentas.

Por mais que as lições espontâneas do Céu convoquem as criaturas ao reconhecimento dessa verdade, continuam os homens em atitudes de ofensiva, ameaça e destruição, uns para com os outros.

O Pai, no entanto, consagrará o bem, onde quer que o bem esteja.

É indispensável não atentarmos para os indivíduos, mas, sim, observar e compreender o bem que o Supremo Senhor nos envia por intermédio deles.

Que importa o aspecto exterior desse ou daquele homem? que interessam a sua nacionalidade, o seu nome, a sua cor? Anotemos a mensagem de que são portadores. Se permanecem consagrados ao mal, são dignos do bem que lhes possamos fazer, mas se são bons e sinceros, no setor de serviço em que se encontram, merecem a paz e a honra de Deus.

43
Consultas

E na lei nos mandou Moisés que tais mulheres sejam apedrejadas. Tu, pois, que dizes?
(*João*, 8:5.)

Várias vezes, o espírito de má-fé cercou o Mestre, com interrogações, aguardando determinadas respostas pelas quais o ridicularizasse. A palavra d'Ele, porém, era sempre firme, incontestável, cheia de sabor divino.

Referimo-nos ao fato para considerar que semelhantes anotações convidam o discípulo a consultar sempre a sabedoria, o gesto e o exemplo do Mestre.

Os ensinamentos e atos de Jesus constituem lições espontâneas para todas as questões da vida.

O homem costuma gastar grandes patrimônios financeiros nos inquéritos da inteligência. O parecer dos profissionais do direito custa, por vezes, o preço de angustioso sacrifício.

Jesus, porém, fornece opiniões decisivas e profundas, gratuitamente. Basta que a alma procure a oração, o equilíbrio e a quietude. O Mestre falar-lhe-á na Boa-Nova da Redenção.

Frequentemente, surgem casos inesperados, problemas de solução difícil. Não ignora o homem o que os costumes e as tradições mandam resolver, de certo modo; no entanto, é indispensável que o aprendiz do Evangelho pergunte, no santuário do coração:

– Tu, porém, Mestre, que me dizes a isto?

E a resposta não se fará esperar como divina luz no grande silêncio.

44
O cego de Jericó

Dizendo: Que queres que te faça?
E ele respondeu: – Senhor, que eu veja.
(*Lucas*, 18:41.)

O cego de Jericó é das grandes figuras dos ensinamentos evangélicos.

Informa-nos a narrativa de Lucas que o infeliz andava pelo caminho, mendigando... Sentindo a aproximação do Mestre, põe-se a gritar, implorando misericórdia.

Irritam-se os populares, em face de tão insistentes rogativas. Tentam impedi-lo, recomendando-lhe calar as solicitações. Jesus, contudo, ouve-lhe a súplica, aproxima-se dele e interroga com amor:

– *Que queres que te faça?*

À frente do magnânimo dispensador dos bens divinos, recebendo liberdade tão ampla, o pedinte sincero responde apenas isto:

— *Senhor, que eu veja!*

O propósito desse cego honesto e humilde deveria ser o nosso em todas as circunstâncias da vida.

Mergulhados na carne ou fora dela, somos, às vezes, esse mendigo de Jericó, esmolando às margens da estrada comum. Chama-nos a vida, o trabalho apela para nós, abençoa-nos a luz do conhecimento, mas permanecemos indecisos, sem coragem de marchar para a realização elevada que nos compete atingir. E, quando surge a oportunidade de nosso encontro espiritual com o Cristo, além de sentirmos que o mundo se volta contra nós, induzindo-nos à indiferença, é muito raro sabermos pedir sensatamente.

Por isso mesmo, é muito valiosa a recordação do pobrezinho mencionado no versículo de Lucas, porquanto não é preciso compareçamos diante do Mestre com volumosa bagagem de rogativas. Basta lhe peçamos o dom de ver, com a exata compreensão das particularidades do caminho evolutivo. Que o Senhor, portanto, nos faça enxergar todos os fenômenos e situações, pessoas e coisas, com amor e justiça, e possuiremos o necessário à nossa alegria imortal.

45
Conversar

Não saia da vossa boca nenhuma palavra torpe, mas só a que for boa para promover a edificação, para que dê graça aos que a ouvem.
Paulo (*Efésios*, 4:29.)

O gosto de conversar retamente e as palestras edificantes caracterizam as relações de legítimo amor fraternal.

As almas que se compreendem, nesse ou naquele setor da atividade comum, estimam as conversações afetuosas e sábias, como escrínios vivos de Deus, que permutam, entre si, os valores mais preciosos.

A palavra precede todos os movimentos nobres da vida. Tece os ideais do amor, estimula a parte divina, desdobra a civilização, organiza famílias e povos.

Jesus legou o Evangelho ao mundo, conversando. E quantos atingem mais elevado plano de manifestação, prezam a palestra amorosa e esclarecedora.

Pela perda do gosto de conversar com alguém, pode o homem avaliar se está caindo ou se o amigo estaciona em desvios inesperados.

Todavia, além dos que se conservam em posição de superioridade, existem aqueles que desfiguram o dom sagrado do verbo, compelindo-o às maiores torpezas. São os amantes do ridículo, da zombaria, dos falsos costumes. A palavra, porém, é dádiva tão santa que, ainda aí, revela aos ouvintes corretos a qualidade do espírito que a insulta e desfigura, colocando-o, imediatamente, no baixo lugar que lhe compete nos quadros da vida.

Conversar é possibilidade sublime. Não relaxes, pois, essa concessão do Altíssimo, porque pela tua conversação serás conhecido.

46
Quem és?

Há só um Legislador e um Juiz que pode salvar e destruir. Tu, porém, quem és que julgas a outrem?
(*Tiago*, 4:12.)

Deveria existir, por parte do homem, grande cautela em emitir opiniões relativamente à incorreção alheia.

Um parecer inconsciente ou leviano pode gerar desastres muito maiores que o erro dos outros, convertido em objeto de exame.

Naturalmente existem determinadas responsabilidades que exigem observações acuradas e pacientes daqueles a quem foram conferidas. Um administrador necessita analisar os elementos de composição humana que lhe integram a máquina de serviços. Um magistrado, pago pelas economias do povo, é obrigado a examinar os problemas da paz ou da saúde sociais, deliberando com serenidade e justiça na defesa do bem coletivo.

Entretanto, importa compreender que homens, como esses, entendendo a extensão e a delicadeza dos seus encargos espirituais, muito sofrem, quando compelidos ao serviço de regeneração das peças vivas, desviadas ou enfermiças, encaminhadas à sua responsabilidade.

Na estrada comum, no entanto, verifica-se grande excesso de pessoas viciadas na precipitação e na leviandade.

Cremos seja útil a cada discípulo, quando assediado pelas considerações insensatas, lembrar o papel exato que está representando no campo da vida presente, interrogando a si próprio, antes de responder às indagações tentadoras: "Será este assunto de meu interesse? Quem sou? Estarei, de fato, em condições de julgar alguém?"

47
A grande pergunta

*E por que me chamais Senhor, Senhor,
e não fazeis o que eu digo?*
JESUS (*Lucas*, 6:46.)

Em lamentável indiferença, muitas pessoas esperam pela morte do corpo, a fim de ouvirem as sublimes palavras do Cristo.

Não se compreende, porém, o motivo de semelhante propósito. O Mestre permanece vivo em seu Evangelho de Amor e Luz.

É desnecessário aguardar ocasiões solenes para que lhe ouçamos os ensinamentos sublimes e claros.

Muitos aprendizes aproximam-se do trabalho santo, mas desejam revelações diretas. Teriam mais fé, asseguram displicentes, se ouvissem o Senhor, de modo pessoal, em suas manifestações divinas. Acreditam-se merecedores de dádivas celestes e acabam considerando que o serviço do

Evangelho é grande em demasia para o esforço humano e põem-se à espera de milagres imprevistos, sem perceberem que a preguiça sutilmente se lhes mistura à vaidade, anulando-lhes as forças.

Tais companheiros não sabem ouvir o Mestre Divino em seu verbo imortal. Ignoram que o serviço deles é aquele a que foram chamados, por mais humildes lhes pareçam as atividades a que se ajustam.

Na qualidade de político ou de varredor, num palácio ou numa choupana, o homem da Terra pode fazer o que lhe ensinou Jesus.

É por isso que a oportuna pergunta do Senhor deveria gravar-se de maneira indelével em todos os templos, para que os discípulos, em lhe pronunciando o nome, nunca se esqueçam de atender, sinceramente, às recomendações do seu verbo sublime.

48
Guardai-vos

Estes, porém, dizem mal do que ignoram;
e, naquilo que naturalmente conhecem,
como animais irracionais se corrompem.
(*Judas*, 1:10.)

Em todos os lugares, encontramos pessoas sempre dispostas ao comentário desairoso e ingrato relativamente ao que não sabem. Almas levianas e inconstantes, não dominam os movimentos da vida, permanecendo subjugadas pela própria inconsciência.

E são essas justamente aquelas que, em suas manifestações instintivas, se portam, no que sabem, como irracionais. Sua ação particular costuma corromper os assuntos mais sagrados, insultar as intenções mais generosas e ridicularizar os feitos mais nobres.

Guardai-vos das atitudes dos murmuradores irresponsáveis.

Concedeu-nos o Cristo a luz do Evangelho, para que nossa análise não esteja fria e obscura. O conhecimento com Jesus é a claridade transformadora da vida, conferindo-nos o dom de entender a mensagem viva de cada ser e a significação de cada coisa, no caminho infinito.

Somente os que ajuízam, acerca da ignorância própria, respeitando o domínio das circunstâncias que desconhecem, são capazes de produzir frutos de perfeição com as dádivas de Deus que já possuem.

49
Saber e fazer

*Se sabeis estas coisas,
bem-aventurados sois se as fizerdes.*
JESUS (*João*, 13:17.)

Entre saber e fazer existe singular diferença. Quase todos sabem, poucos fazem.

Todas as seitas religiosas, de modo geral, somente ensinam o que constitui o bem. Todas possuem serventuários, crentes e propagandistas, mas os apóstolos de cada uma escasseiam cada vez mais.

Há sempre vozes habilitadas a indicar os caminhos. É a palavra dos que sabem.

Raras criaturas penetram valorosamente a vereda, muita vez em silêncio, abandonadas e incompreendidas. É o esforço supremo dos que fazem.

Jesus compreendeu a indecisão dos filhos da Terra e, transmitindo-lhes a palavra da verdade e da vida, fez a exemplificação máxima, através de sacrifícios culminantes.

A existência de uma teoria elevada envolve a necessidade de experiência e trabalho. Se a ação edificante fosse desnecessária, a mais humilde tese do bem deixaria de existir por inútil.

João assinalou a lição do Mestre com sabedoria. Demonstra o versículo que somente os que concretizam os ensinamentos do Senhor podem ser bem-aventurados. Aí reside, no campo do serviço cristão, a diferença entre a cultura e a prática, entre saber e fazer.

50
Conta de si

*De maneira que cada um de nós dará
conta de si mesmo a Deus.*
PAULO (*Romanos*, 14:12.)

É razoável que o homem se consagre à solução de todos os problemas alusivos à esfera que o rodeia no mundo; entretanto, é necessário saiba a espécie de contas que prestará ao Supremo Senhor, ao termo das obrigações que lhe foram cometidas.

Inquieta-se a maioria das criaturas com o destino dos outros, descuidadas de si mesmas. Homens existem que se desesperam pela impossibilidade de operar a melhoria de companheiros ou de determinadas instituições.

Todavia, a quem pertencerão, de fato, os acervos patrimoniais do mundo? a resposta é clara, porque os senhores mais poderosos desprender-se-ão da economia planetária, entregando-a a novos operários de Deus para o serviço da evolução infinita.

O argumento, contudo, suscitará certas perguntas dos cérebros menos avisados. Se a conta reclamada refere-se ao círculo pessoal, que tem o homem a ver pelas contas de sua família, de sua casa, de sua oficina? Cumpre-nos, então, esclarecer que os companheiros da intimidade doméstica, a posse do lar, as finalidades do agrupamento em que se trabalha pertencem ao Supremo Senhor, mas o homem, na conta que lhe é própria, é obrigado a revelar sua linha de conduta para com a família, com a casa em que se asila, com a fonte de suas atividades comuns. Naturalmente, ninguém responderá pelos outros; todavia, cada espírito, em relacionando o esforço que lhe compete, será compelido a esclarecer a sua qualidade de ação nos menores departamentos da realização terrestre, onde foi chamado a viver.

51
Meninos espirituais

*Porque qualquer que ainda se alimenta
de leite não está experimentado na
palavra da justiça, pois é menino.*
PAULO (*Hebreus*, 5:13.)

Na apreciação dos companheiros de luta, que nos integram o quadro de trabalho diário, é útil não haja choques, quando, inesperadamente, surgirem falhas e fraquezas. Antes da emissão de qualquer juízo, é conveniente conhecer o quilate dos valores espirituais em exame.

Jamais prescindamos da compreensão ante os que se desviam do caminho reto. A estrada percorrida pelo homem experiente está cheia de crianças dessa natureza. Deus cerca os passos do sábio, com as expressões da ignorância, a fim de que a sombra receba luz e para que essa mesma luz seja glorificada. Nesse intercâmbio substancialmente divino, o ignorante aprende e o sábio cresce.

Os discípulos de boa vontade necessitam da sincera atitude de observação e tolerância. É natural que se regozijem com o alimento rico e substancioso com que lhes é dado nutrir a alma; no entanto, não desprezem outros irmãos, cujo organismo espiritual ainda não tolera senão o leite simples dos primeiros conhecimentos.

Toda criança é frágil e ninguém deve condená-la por isso.

Se tua mente pode librar no voo mais alto, não te esqueças dos que ficaram no ninho onde nasceste e onde estiveste longo tempo, completando a plumagem. Diante dos teus olhos deslumbrados, alonga-se o infinito. Eles estarão contigo, um dia, e, porque a união integral esteja tardando, não os abandones ao acaso, nem lhes recuses o leite que amam e de que ainda necessitam.

52
Dons

Toda boa dádiva e todo dom perfeito vêm do Alto.
(*Tiago*, 1:17.)

Certificando-se o homem de que coisa alguma possui de bom, sem que Deus lho conceda, a vida na Terra ganhará novos rumos.

Diz a sabedoria, desde a Antiguidade:

– Faze de tua parte e o Senhor te ajudará.

Reconhecendo o elevado teor da exortação, somos compelidos a reconhecer que, na própria aquisição de títulos profissionais, o homem é o filho que se esforça, durante alguns anos, para que o Pai lhe confira um certificado de competência, através dos professores humanos.

Qual ocorre no patrimônio das realizações materiais, acontece no círculo das edificações do espírito.

Indiscutivelmente, toda boa dádiva e todo dom perfeito vêm de Deus. Entretanto, para recebermos o benefício, faz-se preciso "bater" à porta para que se nos abra, segundo a recomendação evangélica.

Queres o dom de curar? começa amando os doentes, interessando-te pela solução de suas necessidades.

Queres o dom de ensinar? faze-te amigo dos que ministram o conhecimento em nome do Senhor, através das obras e das palavras edificantes.

Esperas o dom da virtude? disciplina-te.

Pretendes falar com acerto? aprende a calar no momento oportuno.

Desejas acesso aos círculos sagrados do Cristo? aproxima-te d'Ele, não só pela conversação elevada, mas também por atitudes de sacrifício, como foram as de sua vida.

As qualidades excelentes são dons que procedem de Deus; entretanto, cada qual tem a porta respectiva e pede uma chave diferente.

53
Paz

Disse-lhes, pois, Jesus, outra vez: Paz seja convosco.
(João, 20:21.)

Muita gente inquieta, examinando o intercâmbio entre os novos discípulos do Evangelho e os desencarnados, interroga, ansiosamente, pelas possibilidades da colaboração espiritual, junto às atividades humanas.

Por que razão os emissários do invisível não proporcionam descobertas sensacionais ao mundo?

Por que não revelam os processos de cura das moléstias que desafiam a Ciência?

Como não evitam o doloroso choque entre as nações?

Tais investigadores, distanciados das noções de justiça, não compreendem que seria terrível furtar ao homem os elementos de trabalho, resgate e elevação. Aborrecem-se, comumente, com as reiteradas e afetuosas recomendações de paz das comunicações do Além-Túmulo, porque ainda não se harmonizaram com o Cristo.

Vejamos o Mestre com os discípulos, quando voltava a confortá-los, do Plano Espiritual. Não lhe observamos na palavra qualquer recado torturante, não estabelece a menor expressão de sensacionalismo, não se adianta em conceitos de revelação supernatural.

Jesus demonstra-lhes a sobrevivência e deseja-lhes paz.

Será isso insuficiente para a alma sincera que procura a integração com a vida mais alta? Não envolverá, em si, grande responsabilidade o fato de reconhecerdes a continuação da existência, além da morte, na certeza de que haverá exame dos compromissos individuais?

Trabalhar e sofrer constituem processos lógicos do aperfeiçoamento e da ascensão. E que atendamos a esses imperativos da Lei, com bastante paz, é o desejo amoroso e puro de Jesus Cristo.

Esforcemo-nos por entender semelhantes verdades, pois existem numerosos aprendizes aguardando os grandes sinais, como os preguiçosos que respiram à sombra, à espera do fogo-fátuo do menor esforço.

54
A videira

Eu sou a videira verdadeira, e meu Pai é o lavrador.
Jesus (*João*, 15:1.)

Deus é o Criador Eterno cujos desígnios permanecem insondáveis a nós outros. Pelo seu amor desvelado criam-se todos os seres, por sua sabedoria movem-se os mundos no Ilimitado.

Pequena e obscura, a Terra não pode perscrutar a grandeza divina. O Pai, entretanto, envolve-nos a todos nas vibrações de sua bondade gloriosa.

Ele é a alma de tudo, a essência do Universo.

Permanecemos no campo terrestre, de que Ele é dono e supremo dispensador.

No entanto, para que lhe sintamos a presença em nossa compreensão limitada, concedeu-nos Jesus como sua personificação máxima.

Útil seria que o homem observasse no planeta a sua imensa escola de trabalho; e todos nós, perante a grandeza universal, devemos reconhecer a nossa condição de seres humildes, necessitados de aprimoramento e iluminação.

Dentro de nossa pequenez, sucumbiríamos de fome espiritual, estacionados na sombra da ignorância, não fosse essa videira da verdade e do amor que o Supremo Senhor nos concedeu em Jesus Cristo. De sua seiva divina procedem todas as nossas realizações elevadas, nos serviços da Terra. Alimentados por essa fonte sublime, compete-nos reconhecer que sem o Cristo as organizações do mundo se perderiam por falta de base. N'Ele encontramos o pão vivo das almas e, desde o princípio, o seu amor infinito no orbe terrestre é o fundamento divino de todas as verdades da vida.

55
As varas da videira

Eu sou a videira, vós as varas.
JESUS (*João*, 15:5.)

Jesus é o bem e o amor do princípio.

Todas as noções generosas da Humanidade nasceram de sua divina influenciação. Com justiça, asseverou aos discípulos, nesta passagem do *Evangelho de João*, que seu Espírito Sublime representa a árvore da vida e seus seguidores sinceros as frondes promissoras, acrescentando que, fora do tronco, os galhos se secariam, caminhando para o fogo da purificação.

Sem o Cristo, sem a essência de sua grandeza, todas as obras humanas estão destinadas a perecer.

A ciência será frágil e pobre sem os valores da consciência, as escolas religiosas estarão condenadas, tão logo se afastem da verdade e do bem.

Infinita é a misericórdia de Jesus nos movimentos da vida planetária. No centro de toda expressão nobre da existência pulsa seu coração amoroso, repleto da seiva do perdão e da bondade.

Os homens são varas verdes da árvore gloriosa. Quando traem seus deveres, secam-se porque se afastam da seiva, rolam ao chão dos desenganos, para que se purifiquem no fogo dos sofrimentos reparadores, a fim de serem novamente tomados por Jesus, à conta de sua misericórdia, para a renovação. É razoável, portanto, positivemos nossa fidelidade ao Divino Mestre, refletindo no elevado número de vezes em que nos ressecamos, no passado, apesar do imenso amor que nos sustenta em toda a vida.

56
Lucros

E o que tens ajuntado para quem será?
JESUS (*Lucas*, 12:20.)

Em todos os agrupamentos humanos, palpita a preocupação de ganhar. O espírito de lucro alcança os setores mais singelos. Meninos, mal saídos da primeira infância, mostram-se interessados em amontoar egoisticamente alguma coisa. A atualidade conta com mães numerosas que abandonam seu lar a desconhecidos, durante muitas horas do dia, a fim de experimentarem a mina lucrativa. Nesse sentido, a maioria das criaturas converte a marcha evolutiva em corrida inquietante.

Por trás do sepulcro, ponto de chegada de todos os que saíram do berço, a verdade aguarda o homem e interroga:

– *Que trouxeste?*

O infeliz responderá que reuniu vantagens materiais, que se esforçou por assegurar a posição tranquila de si mesmo e dos seus.

Examinada, porém, a bagagem, verifica-se, quase sempre, que as vitórias são derrotas fragorosas. Não constituem valores da alma, nem trazem o selo dos bens eternos.

Atingida semelhante equação, o viajor olha para trás e sente frio. Prende-se, de maneira inexplicável, aos resultados de tudo o que amontoou na Crosta da Terra. A consciência inquieta enche-se de nuvens e a voz do Evangelho soa-lhe aos ouvidos: Pobre de ti, porque teus lucros foram perdas desastrosas! "E o que tens ajuntado para quem será?"

57
Dinheiro

Porque o amor do dinheiro é a raiz de toda espécie de males; e, nessa cobiça, alguns se desviaram da fé e se traspassaram a si mesmos com muitas dores.
PAULO (*I Timóteo*, 6:10.)

Paulo não nos diz que o dinheiro, em si mesmo, seja flagelo para a Humanidade.

Várias vezes, vemos o Mestre em contato com o assunto, contribuindo para que a nossa compreensão se dilate. Recebendo certos alvitres do povo que lhe apresenta determinada moeda da época, com a efígie do imperador romano, recomenda que o homem dê a César o que é de César, exemplificando o respeito às convenções construtivas. Numa de suas mais lindas parábolas, emprega o símbolo de uma dracma perdida. Nos movimentos do Templo, aprecia o óbolo pequenino da viúva.

O dinheiro não significa um mal. Todavia, o Apóstolo dos Gentios nos esclarece que o amor do dinheiro é a raiz de toda espécie de males. O homem não pode ser condenado pelas suas expressões financeiras, mas, sim, pelo mau uso de semelhantes recursos materiais, porquanto é pela obsessão da posse que o orgulho e a ociosidade, dois fantasmas do infortúnio humano, se instalam nas almas, compelindo-as a desvios da luz eterna.

O dinheiro que te vem às mãos, pelos caminhos retos, que só a tua consciência pode analisar à claridade divina, é um amigo que te busca a orientação sadia e o conselho humanitário. Responderás a Deus pelas diretrizes que lhe deres e ai de ti se materializares essa força benéfica no sombrio edifício da iniquidade!

58
Ganhar

*Pois que aproveitaria ao homem ganhar
todo o mundo e perder a sua alma?*
Jesus (*Marcos*, 8:36.)

As criaturas terrestres, de modo geral, ainda não aprenderam a ganhar. Entretanto, o espírito humano permanece no planeta em busca de alguma coisa. É indispensável alcançar valores de aperfeiçoamento para a vida eterna.

Recomendou Jesus aos seus tutelados procurassem, insistissem...

Significa isso que o homem se demora na Terra para ganhar na luta enobrecedora.

Toda perturbação, nesse sentido, provém da mente viciada das almas em desvio.

O homem está sempre decidido a conquistar o mundo, mas nunca disposto a conquistar-se para uma esfera mais elevada. Nesse falso conceito, subverte a ordem, nas oportunidades de cada dia.

Se Deus lhe concede bastante saúde física, costuma usá-la na aquisição da doença destruidora; se consegue amealhar possibilidades financeiras, tenta açambarcar os interesses alheios.

O Mestre Divino não recomendou que a alma humana deva movimentar-se despida de objetivos e aspirações de ganho; salientou apenas que o homem necessita conhecer o que procura, que espécie de lucros almeja, a que fins se propõe em suas atividades terrestres.

Se teus desejos repousam nas aquisições fictícias, relativamente a situações passageiras ou a patrimônios fadados ao apodrecimento, renova, enquanto é tempo, a visão espiritual, porque de nada vale ganhar o mundo que te não pertence e perderes a ti mesmo, indefinidamente, para a vida imortal.

59
Os amados

Mas de vós, ó amados, esperamos coisas melhores.
Paulo (*Hebreus*, 6:9.)

Comenta-se com amargura o progresso aparente dos ímpios.

Admira-se o crente da boa posição dos homens que desconhecem o escrúpulo, muita vez altamente colocados na esfera financeira.

Muitos perguntam: "Onde está o Senhor que lhes não viu os processos escusos?"

A interrogação, no entanto, evidencia mais ignorância que sensatez. Onde a finalidade do tesouro amoedado do homem perverso? Ainda que experimentasse na Terra inalterável saúde de cem anos, seria compelido a abandonar o patrimônio para recomeçar o aprendizado.

A eternidade confere reduzida importância aos bens exteriores. Aqueles que exclusivamente acumulam vantagens transitórias, fora de sua alma, plenamente esquecidos da esfera interior, são dignos de piedade. Deixarão tudo, quase sempre, ao sabor da irresponsabilidade.

Isso não acontece, porém, com os donos da riqueza espiritual. Constituindo os amados de Deus, sentem-se identificados com o Pai, em qualquer parte a que sejam conduzidos. Na dificuldade e na tormenta guardam a alegria da herança divina que se lhes entesoura no coração.

Do ímpio, é razoável esperarmos a indiferença, a ambição, a avareza, a preocupação de amontoar irrefletidamente; do ignorante, é natural recebermos perguntas loucas. Entretanto, o apóstolo da gentilidade exclama com razão: "Mas de vós, ó amados, esperamos coisas melhores."

60
Prática do bem

Porque assim é a vontade de Deus que, fazendo o bem, tapeis a boca à ignorância dos homens loucos. (I Pedro, 2:15.)

À medida que o Espírito avulta em conhecimento, mais compreende o valor do tempo e das oportunidades que a vida maior lhe proporciona, reconhecendo, por fim, a imprudência de gastar recursos preciosos em discussões estéreis e caprichosas.

O Apóstolo Pedro recomenda seja lembrado que é da vontade de Deus se faça o bem, impondo silêncio à ignorância e à loucura dos homens.

Uma contenda pode perdurar por muitos anos, com graves desastres para as forças em litígio; todavia, basta uma expressão de renúncia para que a concórdia se estabeleça num dia.

No serviço divino, é aconselhável não disputar, a não ser quando o esclarecimento e a energia traduzam caridade. Nesse caminho, a prática do bem é a bússola do ensino.

Antecedendo qualquer disputa, convém dar algo de nós mesmos. Isso é útil e convincente.

O bem mais humilde é semente sagrada.

Convocado a discutir, Jesus imolou-se.

Por se haver transformado Ele próprio em divina luz, dominou-nos a treva da ignorância humana.

Não parlamentou conosco. Ao invés disso, converteu-nos.

Não reclamou compreensão. Entendeu a nossa loucura, localizou-nos a cegueira e amparou--nos ainda mais.

61
Ministérios

*Cada um administre aos outros o dom
como o recebeu, como bons despenseiros
da multiforme graça de Deus.*
(*I Pedro*, 4:10.)

Toda criatura recebe do Supremo Senhor o dom de servir como um ministério essencialmente divino.

Se o homem levanta tantos problemas de solução difícil, em suas lutas sociais, é que não se capacitou, ainda, de tão elevado ensinamento.

O quadro da evolução terrestre apresenta divisão entre os que denominais "magnatas" e "proletários", porquanto, de modo geral, não se entendeu até agora no mundo a dignidade do trabalho honesto, por mais humilde que seja.

É imprescindível haja sempre profissionais de limpeza pública, desbravadores de terras insalubres, chefes de fábricas, trabalhadores de imprensa.

Os homens não compreenderam, ainda, que a oportunidade de cooperar nos trabalhos da Terra transforma-os em despenseiros da graça de Deus. Chegará, contudo, a época em que todos se sentirão ricos. A noção de "capitalista" e "operário" estará renovada. Entender-se-ão ambos como eficientes servidores do Altíssimo.

O jardineiro sentirá que o seu ministério é irmão da tarefa confiada ao gerente da usina.

Cada qual ministrará os bens recebidos do Pai, na sua própria esfera de ação, sem a ideia egoística de ganhar para enriquecer na Terra, mas de servir com proveito para enriquecer em Deus.

62
Parentela

*E disse-lhe: Sai de tua terra e dentre a tua
parentela e dirige-te à terra que eu te mostrar.*
(*Atos*, 7:3.)

Nos círculos da fé, vários candidatos à posição de discípulos de Jesus queixam-se da sistemática oposição dos parentes, com respeito aos princípios que esposaram para as aquisições de ordem religiosa.

Nem sempre os laços de sangue reúnem as almas essencialmente afins. Frequentemente, pelas imposições da consanguinidade, grandes inimigos são obrigados ao abraço diuturno, sob o mesmo teto.

É razoável sugerir-se uma divisão entre os conceitos de "família" e "parentela". O primeiro constituiria o símbolo dos laços eternos do amor, o segundo significaria o cadinho de lutas, por vezes acerbas, em que devemos diluir as imperfeições dos sentimentos, fundindo-os na liga divina do amor para a eternidade. A família não seria a parentela, mas a parentela converter-se-ia, mais tarde, nas santas expressões da família.

Recordamos tais conceitos, a fim de acordar a vigilância dos companheiros menos avisados.

A caminho de Jesus, será útil abandonar a esfera de maledicências e incompreensões da parentela e pautar os atos na execução do dever mais sublime, sem esmorecer na exemplificação, porquanto, assim, o aprendiz fiel estará exortando-a, sem palavras, a participar dos direitos da família maior, que é a de Jesus Cristo.

63
Quem sois?

Mas o espírito maligno lhes respondeu: Conheço a Jesus e bem sei quem é Paulo; mas vós, quem sois?
(*Atos*, 19:15.)

Qualquer expressão de comércio tem sua base no poder aquisitivo. Para obter, é preciso possuir.

No intercâmbio dos dois mundos, terrestre e espiritual, o fenômeno obedece ao mesmo princípio.

Nas operações comerciais de César, requerem-se moedas ou expressões fiduciárias com efígies e identificações que lhe digam respeito. Nas operações de permuta espiritual requisitam-se valores individualíssimos, com os sinais do Cristo.

O dinheiro de Jesus é o amor. Sem ele, não é lícito aventurar-se alguém ao sagrado comércio das almas.

O versículo aqui nomeado constitui benéfica advertência a quantos, para o esclarecimento dos outros, invocam o Mestre, sem títulos vivos de sua escola sacrificial.

Mormente no que se refere às relações com o Plano Invisível, mantende cuidado por evitar afirmativas a esmo.

Não vos aventureis ao movimento, sem o poder aquisitivo do amor de Jesus.

O Mestre é igualmente conhecido de seus infelizes adversários. Os discípulos sinceros do Senhor são observados por eles também. Os inimigos da luz reconhecem-lhes o sublime valor.

Quando vos dispuserdes, portanto, a esse gênero de trabalho, não olvideis vossa própria identificação, porque, provavelmente, sereis interpelados por representantes do mal, que vos perguntarão quem sois.

64
O tesouro maior

Porque, onde estiver o vosso tesouro, ali estará também o vosso coração.
Jesus (*Lucas*, 12:34.)

No mundo, os templos da fé religiosa, desde que consagrados à Divindade do Pai, são departamentos da casa infinita de Deus, onde Jesus ministra os seus bens aos corações da Terra, independentemente da escola de crença a que se filiam.

A essas subdivisões do eterno santuário comparecem os tutelados do Cristo, em seus diferentes graus de compreensão. Cada qual, instintivamente, revela ao Senhor onde coloca seu tesouro.

Muitas vezes, por isso mesmo, nos recintos diversos de sua casa, Jesus recebe, sem resposta, as súplicas de inúmeros crentes de mentalidade infantil, contraditórias ou contraproducentes.

O egoísta fala de seu tesouro, exaltando as posses precárias; o avarento refere-se a mesquinhas preocupações; o gozador demonstra apetites insaciáveis; o fanático repete pedidos loucos.

Cada qual apresenta seu capricho ferido como sendo a dor maior.

Cristo ouve-lhes as solicitações e espera a oportunidade de dar-lhes a conhecer o tesouro imperecível. Ouve em silêncio porque a erva tenra pede tempo destinado ao processo evolutivo e espera, confiante, porquanto não prescinde da colaboração dos discípulos resolutos e sinceros para a extensão do divino apostolado. No momento adequado, surgem esses, ao seu influxo sublime, e a paisagem dos templos se modifica. Não são apenas crentes que compareçam para a rogativa, são trabalhadores decididos que chegam para o trabalho. Cheios de coragem, dispostos a morrer para que outros alcancem a vida, exemplificam a renúncia e o desinteresse, revelam a Vontade do Pai em si próprios e, com isso, ampliam no mundo a compreensão do tesouro maior, sintetizado na conquista da luz eterna e do amor universal, que já lhes enriquece o espírito engrandecido.

65
Pedir

*Jesus, porém, respondendo, disse:
Não sabeis o que pedis.*
(*Mateus*, 20:22.)

A maioria dos crentes dirige-se às casas de oração, no propósito de pedir alguma coisa.

Raros os que aí comparecem, na verdadeira atitude dos filhos de Deus, interessados nos sublimes desejos do Senhor, quanto à melhoria de conhecimentos, à renovação de valores íntimos, ao aproveitamento espiritual das oportunidades recebidas de Mais-Alto.

A rigor, os homens deviam reconhecer nos templos o lugar sagrado do Altíssimo, onde deveriam aprender a fraternidade, o amor, a cooperação no seu programa divino. Quase todos, porém, preferem o ato de insistir, de teimar, de se imporem ao paternal carinho de Deus, no sentido de lhe subornarem o Poder Infinito. Pedinchões inveterados, abandonam, na maior parte das vezes, o traçado reto de suas vidas, em virtude da rebeldia suprema nas relações com o Pai. Tanto reclamam, que lhes é concedida a experiência desejada.

Sobrevêm desastres. Surgem as dores. Em seguida, aparece o tédio, que é sempre filho da incompreensão dos nossos deveres.

Provocamos certas dádivas no caminho, adiantamo-nos na solicitação da herança que nos cabe, exigindo prematuras concessões do Pai, à maneira do filho pródigo, mas o desencanto constitui-se em veneno da imprevidência e da irresponsabilidade.

O tédio representará sempre o fruto amargo da precipitação de quantos se atiram a patrimônios que lhes não competem.

Tenhamos, pois, cuidado em pedir, porque, acima de tudo, devemos solicitar a compreensão da vontade de Jesus a nosso respeito.

66
Como pedes?

Até agora, nada pedistes em meu nome; pedi, e recebereis, para que o vosso gozo se cumpra.
JESUS (*João*, 16:24.)

Em muitos recantos, encontramos criaturas desencantadas da oração.

Não prometeu Jesus a resposta do Céu aos que pedissem no seu nome? Muitos corações permanecem desalentados porque a morte lhes roubou um ente amigo, porque desastres imprevistos lhes surgiram na estrada comum.

Entretanto, repitamos, o Mestre Divino ensinou que o homem deveria solicitar em seu nome.

Por isso mesmo, a alma crente, convicta da própria fragilidade, deveria interrogar a consciência sobre o conteúdo de suas rogativas ao Supremo Senhor, no mecanismo das manifestações espirituais.

Estará suplicando em nome do Cristo ou das vaidades do mundo? Reclamar, em virtude dos caprichos que obscurecem os caminhos do coração, é atirar ao Divino Sol a poeira das inquietações terrenas; mas pedir, em nome de Jesus, é aceitar-lhe a vontade sábia e amorosa, é entregar-se-lhe de coração para que nos seja concedido o necessário.

Somente nesse ato de compreensão perfeita do seu amor sublime encontraremos o gozo completo, a infinita alegria.

Observa a substância de tuas preces. Como pedes? Em nome do mundo ou em nome do Cristo? Os que se revelam desanimados com a oração confessam a infantilidade de suas rogativas.

67
Os vivos do Além

E eis que estavam falando com Ele dois varões, que eram Moisés e Elias.
(*Lucas*, 9:30.)

Várias escolas religiosas, defendendo talvez determinados interesses do sacerdócio, asseguram que o Evangelho não apresenta bases ao movimento de intercâmbio entre os homens e os espíritos desencarnados que os precederam na jornada do Mais-Além...

Entretanto, nesta passagem de *Lucas*, vemos o Mestre dos Mestres confabulando com duas entidades egressas da Esfera Invisível de que o sepulcro é a porta de acesso.

Aliás, em diversas circunstâncias encontramos o Cristo em contato com almas perturbadas ou perversas, aliviando os padecimentos de infortunados perseguidos. Todavia, a mentalidade dogmática encontrou aí a manifestação de Satanás, inimigo eterno e insaciável.

Aqui, porém, trata-se de sublime acontecimento no Tabor. Não vemos qualquer demonstração diabólica e, sim, dois espíritos gloriosos em conversação íntima com o Salvador. E não podemos situar o fenômeno em associação de generalidades, porquanto os "amigos do outro mundo", que falaram com Jesus sobre o monte, foram devidamente identificados. Não se registou[4] o fato, declarando-se, por exemplo, que se tratava da visita de um anjo, mas de Moisés e do companheiro, dando-se a entender claramente que os "mortos" voltam de sua nova vida.

---

[4] N.E.: Forma pouco usual para o verbo "registrar".

68
Além-Túmulo

*E, se não há ressurreição de mortos,
também o Cristo não ressuscitou.*
PAULO (*I Coríntios*, 15:13.)

Teólogos eminentes, tentando harmonizar interesses temporais e espirituais, obscureceram o problema da morte, impondo sombrias perspectivas à simples solução que lhe é própria.

Muitos deles situaram as almas em determinadas zonas de punição ou de expurgo, como se fossem absolutos senhores dos elementos indispensáveis à análise definitiva. Declararam outros que, no instante da grande transição, submerge-se o homem num sono indefinível até o dia derradeiro consagrado ao Juízo Final.

Hoje, no entanto, reconhece a inteligência humana que a lógica evolveu com todas as possibilidades de observação e raciocínio.

Ressurreição é vida infinita. Vida é trabalho, júbilo e criação na eternidade.

Como qualificar a pretensão daqueles que designam vizinhos e conhecidos para o inferno ilimitado no tempo? como acreditar permaneçam adormecidos milhões de criaturas, aguardando o minuto decisivo de julgamento, quando o próprio Jesus se afirma em atividade incessante?

Os argumentos teológicos são respeitáveis; no entanto, não deveremos desprezar a simplicidade da lógica humana.

Comentando o assunto, portas adentro do esforço cristão, somos compelidos a reconhecer que os negadores do processo evolutivo do homem espiritual, depois do sepulcro, definem-se contra o próprio Evangelho. O Mestre dos Mestres ressuscitou em trabalho edificante. Quem, desse modo, atravessará o portal da morte para cair em ociosidade incompreensível? Somos almas, em função de aperfeiçoamento, e, além do túmulo, encontramos a continuação do esforço e da vida.

69
Comunicações

Amados, não creiais a todo espírito, mas provai se os espíritos são de Deus.
(I João, 4:1.)

Os novos discípulos do Evangelho, em seus agrupamentos de intercâmbio com o Mundo Espiritual, quase sempre manifestam ansiedade em estabelecer claras e perfeitas comunicações com o Além.

Se muitas vezes aparecem fracassos, nesse particular, se as experimentações são falhas de êxito, é que, na maioria dos casos, o indagador obedece muito mais ao egoísmo próprio que ao imperativo edificante.

O propósito de exclusividade, nesse sentido, abre larga porta ao engano. Através dela, malfeitores com instrumentos nocivos podem penetrar o templo, de vez que o aprendiz cerrou os olhos ao horizonte das verdades eternas.

Bela e humana a dilatação dos laços de amor que unem o homem encarnado aos familiares que o precederam na jornada de Além-Túmulo, mas é inaceitável que o estudante obrigue quem lhe serviu de pai ou de irmão a interferir nas situações particulares que lhe dizem respeito.

Haverá sempre quem dispense luz nas assembleias de homens sinceros. O programa de semelhante assistência, contudo, não pode ser substancialmente organizado pelas criaturas, muita vez inscientes das necessidades próprias. Em virtude disso, recomendou o apóstolo que o discípulo atente, não para quem fale, mas para a essência das palavras, a fim de certificar-se se o visitante vem de Deus.

70
Poderes ocultos

E onde quer que Ele entrava, fosse nas cidades, nas aldeias ou nos campos, depunham os enfermos nas praças e lhe rogavam que os deixasse tocar ao menos na orla de seu vestido; e todos os que nele tocavam, saravam.
(*Marcos*, 6:56.)

Não raro, surgem nas fileiras espiritualistas estudiosos afoitos a procurarem, de qualquer modo, a aquisição de poderes ocultos que lhes confira posição de evidência. Comumente, em tais circunstâncias, enchem-se das afirmativas de grande alcance.

O anseio de melhorar-se, o desejo de equilíbrio, a intenção de manter a paz, constituem belos propósitos; no entanto, é recomendável que o aprendiz não se entregue a preocupações de notoriedade, devendo palmilhar o terreno dessas cogitações com a cautela possível.

Ainda aqui, o Mestre Divino oferece a melhor exemplificação.

Ninguém reuniu sobre a Terra tão elevadas expressões de recursos desconhecidos quanto Jesus. Aos doentes, bastava tocar-lhe as vestiduras para que se curassem de enfermidades dolorosas; suas mãos devolviam o movimento aos paralíticos, a visão aos cegos. Entretanto, no dia do Calvário, vemos o Mestre ferido e ultrajado, sem recorrer aos poderes que lhe constituíam apanágio divino, em benefício da própria situação. Havendo cumprido a lei sublime do amor, no serviço do Pai, entregou-se à sua vontade, em se tratando dos interesses de si mesmo. A lição do Senhor é bastante significativa.

É compreensível que o discípulo estude e se enriqueça de energias espirituais, recordando-se, porém, de que, antes do nosso, permanece o bem dos outros e que esse bem distribuído no caminho da vida é a voz que falará por nós a Deus e aos homens, hoje ou amanhã.

71
Para testemunhar

E vos acontecerá isto para testemunho.
JESUS (*Lucas*, 21:13.)

Naturalmente que o Mestre não folgará de ver seus discípulos mergulhados no sofrimento. Considerando, porém, as necessidades extensas dos homens da Terra, compreende o caráter indispensável das provações e dos obstáculos.

A pedagogia moderna está repleta de esforços seletivos, de concursos de capacidade, de testes da inteligência.

O Evangelho oferece situações semelhantes.

O amigo do Cristo não deve ser uma criatura sombria, à espera de padecimentos; entretanto, conhecendo a sua posição de trabalho, num plano como a Terra, deve contar com dificuldades de toda sorte.

Para os gozos falsificados do mundo, o planeta está cheio de condutores enganados.

Como invocar o Salvador para a continuidade de fantasias? Quando chamados para o Cristo, é para que aprendamos a executar o trabalho em favor da esfera maior, sem olvidarmos que o serviço começa em nós mesmos.

Existem muitos homens de valor cultural que se constituíram em mentores dos que desejam mentirosos regalos no plano físico.

No Evangelho, porém, não acontece assim. Quando o Mestre convida alguém ao seu trabalho, não é para que chore em desalento ou repouse em satisfação ociosa.

Se o Senhor te chamou, não te esqueças de que já te considera digno de testemunhar.

72
Transitoriedade

Eles perecerão, mas tu permanecerás; e todos eles, como roupa, envelhecerão.
PAULO (*Hebreus*, 1:11.)

Fala-nos o *Eclesiastes* das vaidades e da aflição dos homens, no torvelinho das ambições desvairadas da Terra.

Desde os primeiros tempos da família humana, existem criaturas confundidas nos falsos valores do mundo. Entretanto, bastaria meditar alguns minutos na transitoriedade de tudo o que palpita no campo das formas para compreender-se a soberania do espírito.

Consultai a pompa dos museus e a ruína das civilizações mortas. Com que fim se levantaram tantos monumentos e arcos de triunfo? Tudo funcionou como roupagem do pensamento. A ideia evolutiu, enriqueceu-se o espírito e os envoltórios antigos permanecem a distância.

As mãos calejadas na edificação das colunas brilhantes aprenderam com o trabalho os luminosos segredos da vida. Todavia, quantas amarguras experimentaram os loucos que disputaram, até à morte, para possuí-las?

Valei-vos de todas as ocasiões de serviço, como sagradas oportunidades na marcha divina para Deus.

Valiosa é a escassez, porque traz a disciplina. Preciosa é a abundância, porque multiplica as formas do bem. Uma e outra, contudo, perecerão algum dia. Na esfera carnal, a glória e a miséria constituem molduras de temporária apresentação. Ambas passam. Somente Jesus e a Lei Divina perseveram para nós outros, como portas de vida e redenção.

73
Oportunidade

Disse-lhes, pois, Jesus: Ainda não é chegado o meu tempo, mas o vosso tempo está pronto.
(João, 7:6.)

O mau trabalhador está sempre queixoso. Quando não atribui sua falta aos instrumentos em mão, lamenta a chuva, não tolera o calor, amaldiçoa a geada e o vento.

Esse é um cego de aproveitamento difícil, porquanto somente enxerga o lado arestoso das situações.

O bom trabalhador, no entanto, compreende, antes de tudo, o sentido profundo da oportunidade que recebeu. Valoriza todos os elementos colocados em seus caminhos, como respeita as possibilidades alheias. Não depende das estações. Planta com o mesmo entusiasmo as frutas do frio e do calor. É amigo da Natureza, aproveita-lhe as lições, tem bom ânimo, encontra na aspereza da semeadura e no júbilo da colheita igual contentamento.

Nesse sentido, a lição do Mestre reveste-se de maravilhosa significação. No torvelinho das incompreensões do mundo, não devemos aguardar o Reino do Cristo como realização imediata, mas a oportunidade dos homens é permanente para a colaboração perfeita no Evangelho, a fim de edificá-lo.

Os cegos de espírito continuarão queixosos; no entanto, os que acordaram para Jesus sabem que sua época de trabalho redentor está pronta, não passou, nem está por vir. É o dia de hoje, é o ensejo bendito de servir, em nome do Senhor, aqui e agora...

74
Mãos limpas

E Deus pelas mãos de Paulo fazia
maravilhas extraordinárias.
(*Atos*, 19:11.)

O Evangelho não nos diz que Paulo de Tarso fazia maravilhas, mas que Deus operava maravilhas extraordinárias por intermédio das mãos dele.

O Pai fará sempre o mesmo, utilizando todos os filhos que lhe apresentarem mãos limpas.

Muitos espíritos, mais convencionalistas que propriamente religiosos, encontraram nessa notícia dos Atos uma informação sobre determinados privilégios que teriam sido concedidos ao Apóstolo.

Antes de tudo, porém, é preciso saber que semelhante concessão não é exclusiva. A maioria dos crentes prefere fixar o Paulo santificado sem apreciar o trabalhador militante.

Quanto custou ao Apóstolo a limpeza das mãos?

Raros indagam relativamente a isso.

Recordemos que o amigo da gentilidade fora rabino famoso em Jerusalém, movimentara-se entre elevados encargos públicos, detivera dominadoras situações; no entanto, para que o Todo-Poderoso lhe utilizasse as mãos, sofreu todas as humilhações e dispôs-se a todos os sacrifícios pelo bem dos semelhantes. Ensinou o Evangelho sob zombarias e açoites, aflições e pedradas. Apesar de escrever luminosas epístolas, jamais abandonou o tear humilde até à velhice do corpo.

Considera as particularidades do assunto e observa que Deus é sempre o mesmo Pai, que a Misericórdia Divina não se modificou, mas pede mãos limpas para os serviços edificantes, junto à Humanidade. Tal exigência é lógica e necessária, pois o trabalho do Altíssimo deve resplandecer sobre os caminhos humanos.

75
Nas casas de César

Todos os santos vos saúdam, mas principalmente os que são da casa de César.
PAULO (*Filipenses*, 4:22.)

Muito comum ouvirmos observações descabidas de determinados irmãos na crença, relativamente aos companheiros chamados a tarefas mais difíceis, entre as possibilidades do dinheiro ou do poder.

A piedade falsa está sempre disposta a criticar o amigo que, aceitando laborioso encargo público, vai encontrar nele muito mais aborrecimentos que notas de harmonia. A análise desvirtuada tudo repara maliciosamente. Se o irmão é compelido a participar de grandes representações sociais, costuma-se estigmatizá-lo como traidor do Cristo.

É necessário despender muita vigilância nesses julgamentos.

Nos tempos apostólicos, os cristãos de vida pura eram chamados "santos". Paulo de Tarso, humilhado e perseguido em Roma, teve ocasião de conhecer numerosas almas nessas condições, e o que é mais de admirar – conviveu com diversos discípulos de semelhante posição, relacionados com a habitação palaciana de César. Deles recebeu atenções e favores, assistência e carinho.

Escrevendo aos filipenses, faz menção especial desses amigos do Cristo.

Não julgues, pois, a teu irmão pela sua fortuna aparente ou pelos seus privilégios políticos. Antes de tudo, lembra-te de que havia santos na casa de Nero e nunca olvides tão grandiosa lição.

76
Edificações

Vós sois a luz do mundo; não se pode esconder uma cidade edificada sobre um monte.
Jesus (*Mateus*, 5:14.)

O Evangelho está repleto de amorosos convites para que os homens se edifiquem no exemplo do Senhor.

Nem sempre os seguidores do Cristo compreendem esse grande imperativo da iluminação própria, em favor da harmonia na obra a realizar. Esmagadora percentagem de aprendizes, antes de tudo, permanece atenta à edificação dos outros, menosprezando o ensejo de alcançar os bens supremos para si.

Naturalmente, é muito difícil encontrar a oportunidade entre gratificações da existência humana, porquanto o recurso bendito de iluminação se esconde, muitas vezes, nos obstáculos, perplexidades e sombras do caminho.

O Mestre foi muito claro em sua exposição. Para que os discípulos sejam a luz do mundo, simbolizarão cidades edificadas sobre a montanha, onde nunca se ocultem. A fim de que o operário de Jesus funcione como expressão de claridade na vida, é indispensável que se eleve ao monte da exemplificação, apesar das dificuldades da subida angustiosa, apresentando-se a todos na categoria de construção cristã.

Tal cometimento é imperecível.

O vaivém das paixões não derruba a edificação dessa natureza; as pedradas deixam-na intacta e, se alguém a dilacera, seus fragmentos constituem a continuidade da luz, em sublime rastilho, por toda parte, porque foi assim que os primeiros mártires do Cristianismo semearam a fé.

77
Convém refletir

Mas todo homem seja pronto para ouvir, tardio para falar, tardio para se irar.
(*Tiago*, 1:19.)

Analisar, refletir, ponderar, são modalidades do ato de ouvir. É indispensável que a criatura esteja sempre disposta a identificar o sentido das vozes, sugestões e situações que a rodeiam.

Sem observação, é impossível executar a mais simples tarefa no ministério do bem. Somente após ouvir, com atenção, pode o homem falar de modo edificante na estrada evolutiva.

Quem ouve, aprende. Quem fala, doutrina.

Um guarda, outro espalha.

Só aquele que guarda, na boa experiência, espalha com êxito.

O conselho do apóstolo é, portanto, de imorredoura oportunidade.

E forçoso é convir que, se o homem deve ser pronto nas observações e comedido nas palavras, deve ser tardio em irar-se.

Certo, o caminho humano oferece, diariamente, variados motivos à ação enérgica; entretanto, sempre que possível, é útil adiar a expressão colérica para o dia seguinte, porquanto, por vezes, surge a ocasião de exame mais sensato e a razão da ira desaparece.

Tenhamos em mente que todo homem nasce para exercer uma função definida. Ouvindo sempre, pode estar certo de que atingirá serenamente os fins a que se destina, mas, falando, é possível que abandone o esforço ao meio, e, irando-se, provavelmente não realizará coisa alguma.

78
Verdades e fantasias

Mas, porque vos digo a verdade, não me credes.
Jesus (*João*, 8:45.)

O mundo sempre distingue ruidosamente os expositores de fantasias.

É comum observar-se, quase em toda parte, a vitória dos homens palavrosos, que prometem milagres e maravilhas. Esses merecem das criaturas grande crédito. Basta encobrirem a enfermidade, a fraqueza, a ignorância ou o defeito dos homens, para receberem acatamento. Não acontece o mesmo aos cultivadores da verdade, por mais simples que esta seja. Através de todos os tempos, para esses últimos, a sociedade reservou a fogueira, o veneno, a cruz, a punição implacável.

Tentando fugir à angustiosa situação espiritual que lhe é própria, inventou o homem a *buena-dicha*, impondo, contudo, aos adivinhadores o disfarce dourado das realidades negras e duras. O charlatão mais hábil na fabricação de mentiras brilhantes será o senhor da clientela mais numerosa e luzida.

No intercâmbio com a esfera invisível, urge que os novos discípulos se precatem contra os perigos desse jaez.

A técnica do elogio, a disposição de parecer melhor, o prurido de caminhar à frente dos outros, a presunção de converter consciências alheias, são grandes fantasias. É necessário não crer nisso. Mais razoável é compreender que o serviço de iluminação é difícil, a principiar do esforço de regeneração de nós mesmos. Nem sempre os amigos da verdade são aceitos. Geralmente são considerados fanáticos ou mistificadores, mas... apesar de tudo, para a nossa felicidade, faz-se preciso atender à verdade enquanto é tempo.

79
A cada um

Levanta-te direito sobre os teus pés.
PAULO (*Atos*, 14:10.)

De modo geral, quando encarnados no mundo físico, apenas enxergamos os aleijados do corpo, os que perderam o equilíbrio corporal, os que se arrastam penosamente no solo, suportando escabrosos defeitos. Não possuímos suficiente visão para identificar os doentes do espírito, os coxos do pensamento, os aniquilados de coração.

Onde existissem somente cegos, acabaria a criatura perdendo o interesse e a lembrança do aparelho visual; pela mesma razão, na Crosta da Terra, onde esmagadora maioria de pessoas se constituem de almas paralíticas, no que se refere à virtude, raros homens conhecem a desarmonia da saúde espiritual que lhes diz respeito, conscientes de suas necessidades incontestes.

Infere-se, pois, que a missão do Evangelho é muito mais bela e mais extensa que possamos imaginar. Jesus continua derramando bênçãos todos os dias. E os prodígios ocultos, operados no silêncio de seu amor infinito, são maiores que os verificados em Jerusalém e na Galileia, porquanto os cegos e leprosos[5] curados, segundo as narrativas apostólicas, voltaram mais tarde a enfermar e morrer. A cura de nossos espíritos doentes e paralíticos é mais importante, porquanto se efetua com vistas à eternidade.

É indispensável que não nos percamos em conclusões ilusórias. Agucemos os ouvidos, guardando a palavra do apóstolo aos gentios. Imprescindível é que nos levantemos, individualmente, sobre os próprios pés, pois há muita gente esperando as asas de anjo que lhe não pertencem.

---

[5] N.E.: Ver nota no capítulo 15.

80
Opiniões

Ai de vós, quando todos os homens de vós disserem bem, porque assim faziam seus pais aos falsos profetas.
Jesus (*Lucas*, 6:26.)

Indubitavelmente, muitas pessoas existem de parecer estimável, às quais podemos recorrer nos momentos oportunos, mas que ninguém despreze a opinião da própria consciência, porquanto a voz de Deus, comumente, nos esclarecerá nesse santuário divino.

Rematada loucura é o propósito de contar com a aprovação geral ao nosso esforço.

Quando Jesus pronunciou a sublime exortação desta passagem de *Lucas*, agiu com absoluto conhecimento das criaturas. Sabia o Mestre que, num plano de contrastes chocantes como a Terra, não será possível agradar a todos simultaneamente.

O homem da verdade será compreendido apenas, em tempo adequado, pelos espíritos que se fizerem verdadeiros. O prudente não receberá aplauso dos imprudentes.

O Mestre, em sua época, não reuniu as simpatias comuns. Se foi amado por criaturas sinceras e simples, sofreu impiedoso ataque dos convencionalistas. Para Maria de Magdala era Ele o Salvador; para Caifás, todavia, era o revolucionário perigoso.

O tempo foi a única força de esclarecimento geral.

Se te encontras em serviço edificante, se tua consciência te aprova, que te importam as opiniões levianas ou insinceras?

Cumpre o teu dever e caminha.

Examina o material dos ignorantes e caluniadores como proveitosa advertência e recorda-te de que não é possível conciliar o dever com a leviandade, nem a verdade com a mentira.

81
Ordenações humanas

*Sujeitai-vos, pois, a toda ordenação
humana, por amor do Senhor.*
(*I Pedro*, 2:13.)

Certos temperamentos impulsivos, aproximando-se das lições do Cristo, presumem no Evangelho um tratado de princípios destruidores da ordem existente no mundo. Há quem figure no Mestre um anarquista vigoroso, inflamado de cóleras sublimes.

Jesus, porém, nunca será patrono da desordem.

A novidade que transborda do Evangelho não aconselha ao espírito mais humilhado da Terra a adoção de armas contra irmãos, mas, sim, que se humilhe ainda mais, tomando a cruz, a exemplo do Salvador.

Claro está que a Boa-Nova não ensina a genuflexão ante a tirania insolente; entretanto, pede respeito às ordenações humanas, por amor ao Mestre Divino.

Se o detentor da autoridade exige mais do que lhe compete, transforma-se num déspota que o Senhor corrigirá, através das circunstâncias que lhe expressam os desígnios, no momento oportuno. Essa certeza é mais um fator de tranquilidade para o servo cristão que, em hipótese alguma, deve quebrar o ritmo da harmonia.

Não te faças, pois, indiferente às ordenações da máquina de trabalho em que te encontras. É possível que, muita vez, não te correspondam aos desejos, mas lembra-te de que Jesus é o Supremo Ordenador na Terra e não te situaria o esforço pessoal onde o teu concurso fosse desnecessário.

Tens algo de sagrado a fazer onde respiras no dia de hoje. Com expressões de revolta, tua atividade será negativa. Recorda-te de semelhante verdade e submete-te às ordenações humanas por amor ao Senhor Divino.

82
Madeiros secos

Porque, se ao madeiro verde fazem isto, que se fará ao seco?
JESUS (*Lucas*, 23:31.)

Jesus é a videira eterna, cheia de seiva divina, espalhando ramos fartos, perfumes consoladores e frutos substanciosos entre os homens, e o mundo não lhe ofereceu senão a cruz da flagelação e da morte infamante.

Desde milênios remotos é o Salvador, o puro por excelência.

Que não devemos esperar, por nossa vez, criaturas endividadas que somos, representando galhos ainda secos na árvore da vida?

Em cada experiência, necessitamos de processos novos no serviço de reparação e corrigenda.

Somos madeiros sem vida própria, que as paixões humanas inutilizaram, em sua fúria destruidora.

Os homens do campo metem a vara punitiva nos pessegueiros, quando suas frondes raquíticas não produzem. O efeito é benéfico e compensador.

O martírio do Cristo ultrapassou os limites de nossa imaginação. Como tronco sublime da vida, sofreu por desejar transmitir-nos sua seiva fecundante.

Como lenhos ressequidos, ao calor do mal, sofremos por necessidade, em favor de nós mesmos.

O mundo organizou a tragédia da cruz para o Mestre, por espírito de maldade e ingratidão; mas, nós outros, se temos cruzes na senda redentora, não é porque Deus seja rigoroso na execução de suas leis, mas por ser Amoroso Pai de nossas almas, cheio de sabedoria e compaixão nos processos educativos.

83
Aflições

*Mas alegrai-vos no fato de serdes
participantes das aflições do Cristo.
(I Pedro, 4:13.)*

É inegável que em vosso aprendizado terrestre atravessareis dias de inverno ríspido, em que será indispensável recorrer às provisões armazenadas no íntimo, nas colheitas dos dias de equilíbrio e abundância.

Contemplareis o mundo, na desilusão de amigos muito amados, como templo em ruínas, sob os embates de tormenta cruel.

As esperanças feneceram distantes, os sonhos permanecem pisados pelos ingratos. Os afeiçoados desapareceram, uns pela indiferença, outros porque preferiram a integração no quadro dos interesses fugitivos do plano material.

Quando surgir um dia assim em vossos horizontes, compelindo-vos à inquietação e à amargura, certo não vos será proibido chorar. Entretanto, é necessário não esquecerdes a divina companhia do Senhor Jesus.

Supondes, acaso, que o Mestre dos Mestres habita uma esfera inacessível ao pensamento dos homens? julgais, porventura, não receba o Salvador ingratidões e apodos, por parte das criaturas humanas, diariamente? Antes de conhecermos o alheio mal que nos aflige, Ele conhecia o nosso e sofria pelos nossos erros.

Não olvidemos, portanto, que, nas aflições, é imprescindível tomar-lhe a sublime companhia e prosseguir avante com a sua serenidade e seu bom ânimo.

84
Levantemo-nos

Levantai-vos, vamo-nos daqui.
Jesus (*João*, 14:31.)

Antes de retirar-se para as orações supremas no Horto, falou Jesus aos discípulos longamente, esclarecendo o sentido profundo de sua exemplificação.

Relacionando seus pensamentos sublimes, fez o formoso convite inserto no *Evangelho de João*:

– "Levantai-vos, vamo-nos daqui."

O apelo é altamente significativo.

Ao toque de erguer-se, o homem do mundo costuma procurar o movimento das vitórias fáceis, atirando-se à luta sequioso de supremacia ou trocando de domicílio, na expectativa de melhoria efêmera.

Com Jesus, entretanto, ocorreu o contrário.

Levantou-se para ser dilacerado, logo após, pelo gesto de Judas. Distanciou-se do local em que se achava a fim de alcançar, pouco depois, a flagelação e a morte.

Naturalmente partiu para o glorioso destino de reencontro com o Pai, mas precisamos destacar as escalas da viagem...

Ergueu-se e saiu, em busca da glória suprema. As estações de marcha são eminentemente educativas: – Getsêmani, o Cárcere, o Pretório, a Via Dolorosa, o Calvário, a Cruz constituem pontos de observação muito interessantes, mormente na atualidade, que apresenta inúmeros cristãos aguardando a possibilidade da viagem sobre as almofadas de luxo do menor esforço.

85
Testemunho

*Respondeu-lhe Jesus: – Dizes isso de ti mesmo
ou foram outros que to disseram de mim?*
(*João*, 18:34.)

A pergunta do Cristo a Pilatos tem significação mais extensiva. Compreendemo-la, aplicada às nossas experiências religiosas.

Quando encaramos no Mestre a personalidade do Salvador, por que o afirmamos? Estaremos agindo como discos fonográficos, na repetição pura e simples de palavras ouvidas?

É necessário conhecer o motivo pelo qual atribuímos títulos amoráveis e respeitosos ao Senhor. Não basta redizer encantadoras lições dos outros, mas viver substancialmente a experiência íntima na fidelidade ao programa divino.

Quando alguém se refere nominalmente a um homem, esse homem pode indagar quanto às origens da referência.

Jesus não é símbolo legendário; é um Mestre Vivo.

As preocupações superficiais do mundo chegam, educam o espírito e passam, mas a experiência religiosa permanece.

Nesse capítulo, portanto, é ilógico recorrermos, sistematicamente, aos patrimônios alheios.

É útil a todo aprendiz testificar de si mesmo, iluminar o coração com os ensinos do Cristo, observar-lhe a influência excelsa nos dias tranquilos e nos tormentosos.

Reconheçamos, pois, atitude louvável no esforço do homem que se inspira na exemplificação dos discípulos fiéis; contudo, não nos esqueçamos de que é contraproducente repousarmos em edificações que não nos pertencem, olvidando o serviço que nos é próprio.

86
Jesus e os amigos

Ninguém tem maior amor do que este: de dar alguém a vida pelos seus amigos.
Jesus (*João*, 15:13.)

Na localização histórica do Cristo, impressiona-nos a realidade de sua imensa afeição pela Humanidade.

Pelos homens, fez tudo o que era possível em renúncia e dedicação.

Seus atos foram celebrados em assembleias de confraternização e de amor. A primeira manifestação de seu apostolado verificou-se na festa jubilosa de um lar. Fez companhia aos publicanos, sentiu sede da perfeita compreensão de seus discípulos. Era amigo fiel dos necessitados que se socorriam de suas virtudes imortais. Através das lições evangélicas, nota-se-lhe o esforço para ser entendido em sua infinita capacidade de amar. A última ceia representa uma paisagem completa de afetividade integral. Lava os pés aos discípulos, ora pela felicidade de cada um...

Entretanto, ao primeiro embate com as forças destruidoras, experimenta o Mestre o supremo abandono. Em vão, seus olhos procuram a multidão dos afeiçoados, beneficiados e seguidores.

Os leprosos e cegos, curados por suas mãos, haviam desaparecido.

Judas entregou-o com um beijo.

Simão, que lhe gozara a convivência doméstica, negou-o três vezes.

João e Tiago dormiram no Horto.

Os demais preferiram estacionar em acordos apressados com as acusações injustas. Mesmo depois da Ressurreição, Tomé exigiu-lhe sinais.

Quando estiveres na "porta estreita", dilatando as conquistas da vida eterna, irás também só. Não aguardes teus amigos. Não te compreenderiam; no entanto, não deixes de amá-los. São crianças. E toda criança teme e exige muito.

87
Por que dormis?

E disse-lhes: Por que estais dormindo? Levantai-vos e orai, para que não entreis em tentação.
(*Lucas*, 22:46.)

Nos ensinos fundamentais de Jesus, é imperioso evitar as situações acomodatícias, em detrimento das atividades do bem.

O *Evangelho de Lucas*, nesta passagem, conta que os discípulos "dormiam de tristeza", enquanto o Mestre orava fervorosamente no Horto. Vê-se, pois, que o Senhor não justificou nem mesmo a inatividade oriunda do choque ante as grandes dores.

O aprendiz figurará o mundo como sendo o campo de trabalho do Reino, onde se esforçará, operoso e vigilante, compreendendo que o Cristo prossegue em serviço redentor para o resgate total das criaturas.

Recordando a prece em Getsêmani, somos obrigados a lembrar que inúmeras comunidades de alicerces cristãos permanecem dormindo nas conveniências pessoais, nos mesquinhos interesses, nas vaidades efêmeras. Falam do Cristo, referem-se à sua imperecível exemplificação, como se fossem sonâmbulos, inconscientes do que dizem e do que fazem, para despertarem tão só no instante da morte corporal, em soluços tardios.

Ouçamos a interrogação do Salvador e busquemos a edificação e o trabalho, onde não existem lugares vagos para o que seja inútil e ruinoso à consciência.

Quanto a ti, que ainda te encontras na carne, não durmas em espírito, desatendendo aos interesses do Redentor. Levanta-te e esforça-te, porque é no sono da alma que se encontram as mais perigosas tentações, através de pesadelos ou fantasias.

88
Velar com Jesus

*E, voltando-se para os seus discípulos,
achou-os adormecidos e disse a Pedro:
Então, nem uma hora pudeste velar comigo?*
(*Mateus*, 26:40.)

Jesus veio à Terra acordar os homens para a Vida Maior.

É interessante lembrar, todavia, que, em sentindo a necessidade de alguém para acompanhá-lo no supremo testemunho, não convidou seguidores tímidos ou beneficiados da véspera e, sim, os discípulos conscientes das próprias obrigações. Entretanto, esses mesmos dormiram, intensificando a solidão do Divino Enviado.

É indispensável rememoremos o texto evangélico para considerar que o Mestre continua em esforço incessante e prossegue convocando cooperadores devotados à colaboração necessária. Claro que não confia tarefas de importância fundamental a espíritos inexperientes ou ignorantes; mas, é imperioso reconhecer o reduzido número daqueles que não adormecem no mundo, enquanto Jesus aguarda resultados da incumbência que lhes foi cometida.

Olvidando o mandato de que são portadores, inquietam-se pela execução dos próprios desejos, a observarem em grande conta os dias rápidos que o corpo físico lhes oferece. Esquecem-se de que a vida é a eternidade e que a existência terrestre não passa simbolicamente de "uma hora". Em vista disso, ao despertarem na realidade espiritual, os obreiros distraídos choram sob o látego da consciência e anseiam pelo reencontro da paz do Salvador, mas ecoam-lhes ao ouvido as palavras endereçadas a Pedro: "Então, nem por uma hora pudeste velar comigo?"

E, em verdade, se ainda não podemos permanecer com o Cristo, ao menos uma hora, como pretendermos a divina união para a eternidade?

89
O fracasso de Pedro

E Pedro o seguiu, de longe, até ao pátio do sumo sacerdote e, entrando, assentou-se entre os criados para ver o fim.
(*Mateus*, 26:58.)

O fracasso, como qualquer êxito, tem suas causas positivas.

A negação de Pedro sempre constitui assunto de palpitante interesse nas comunidades do Cristianismo.

Enquadrar-se-ia a queda moral do generoso amigo do Mestre num plano de fatalidade? Por que se negaria Simão a cooperar com o Senhor em minutos tão difíceis?

Útil, nesse particular, é o exame de sua invigilância.

O fracasso do amoroso pescador reside aí dentro, na desatenção para com as advertências recebidas.

Grande número de discípulos modernos participam das mesmas negações, em razão de continuarem desatendendo.

Informa o Evangelho que, naquela hora de trabalhos supremos, Simão Pedro seguia o Mestre "de longe", ficou no "pátio do sumo sacerdote", e "assentou-se entre os criados" deste, para "ver o fim".

Leitura cuidadosa do texto esclarece-nos o entendimento e reconhecemos que, ainda hoje, muitos amigos do Evangelho prosseguem caindo em suas aspirações e esperanças, por acompanharem o Cristo a distância, receosos de perderem gratificações imediatistas; quando chamados a testemunho importante, demoram-se nas vizinhanças da arena de lutas redentoras, entre os servos das convenções utilitaristas, assestando binóculos de exame, a fim de observarem como será o fim dos serviços alheios.

Todos os aprendizes, nessas condições, naturalmente fracassarão e chorarão amargamente.

90
Ensejo ao bem

*Jesus, porém, lhe disse: Amigo, a que vieste?
— Então, aproximando-se, lançaram
mão de Jesus e o prenderam.*
(*Mateus*, 26:50.)

É significativo observar o otimismo do Mestre, prodigalizando oportunidades ao bem, até ao fim de sua gloriosa missão de verdade e amor, junto dos homens.

Cientificara-se o Cristo, com respeito ao desvio de Judas, comentara amorosamente o assunto, na derradeira reunião mais íntima com os discípulos, não guardava qualquer dúvida relativamente aos suplícios que o esperavam; no entanto, em se aproximando, o cooperador transviado beija-o na face, identificando-o perante os verdugos, e o Mestre, com sublime serenidade, recebe-lhe a saudação carinhosamente e indaga: "Amigo, a que vieste?"

Seu coração misericordioso proporcionava ao discípulo inquieto o ensejo ao bem, até ao derradeiro instante.

Embora notasse Judas em companhia dos guardas que lhe efetuariam a prisão, dá-lhe o título de amigo. Não lhe retira a confiança do minuto primeiro, não o maldiz, não se entrega a queixas inúteis, não o recomenda à posteridade com acusações ou conceitos menos dignos.

Nesse gesto de inolvidável beleza espiritual, ensinou-nos Jesus que é preciso oferecer portas ao bem, até à última hora das experiências terrestres, ainda que, ao término da derradeira oportunidade, nada mais reste além do caminho para o martírio ou para a cruz dos supremos testemunhos.

91
Campo de Sangue

*Por isso foi chamado aquele campo,
até ao dia de hoje, Campo de Sangue.
(Mateus, 27:8.)*

Desorientado, em vista das terríveis consequências de sua irreflexão, Judas procurou os sacerdotes e restituiu-lhes as trinta moedas, atirando-as, a esmo, no recinto do Templo.

Os mentores do Judaísmo concluíram, então, que o dinheiro constituía preço de sangue e, buscando desfazer-se rapidamente de sua posse, adquiriram um campo destinado ao sepulcro dos estrangeiros, denominado, desde então, Campo de Sangue.

Profunda a expressão simbólica dessa recordação e, com a sua luz, cabe-nos reconhecer que a maioria dos homens continua a irrefletida ação de Judas, permutando o Mestre, inconscientemente, por esperanças injustas, por vantagens materiais, por privilégios passageiros. Quando podem examinar a extensão dos enganos a que se acolheram, procuram, desesperados, os comparsas de suas ilusões, tentando devolver-lhes quanto lhes coube nos criminosos movimentos em que se comprometeram na luta humana; todavia, com esses frutos amargos apenas conseguem adquirir o campo de sangue das expiações dolorosas e ásperas, para sepulcro dos cadáveres de seus pesadelos delituosos, estranhos ao ideal divino da perfeição em Jesus Cristo.

Irmão em Humanidade, que ainda não pudeste sair do campo milenário das reencarnações, em luta por enterrar os pretéritos crimes que não se coadunam com a Lei Eterna, não troques o Cristo Imperecível por um punhado de cinzas misérrimas, porque, do contrário, continuarás circunscrito à região escura da carne sangrenta.

92
Madalena

Disse-lhe Jesus: Maria!
– Ela, voltando-se, disse-lhe: Mestre!
(João, 20:16.)

Dos fatos mais significativos do Evangelho, a primeira visita de Jesus, na ressurreição, é daqueles que convidam à meditação substanciosa e acurada.

Por que razões profundas deixaria o Divino Mestre tantas figuras mais próximas de sua vida para surgir aos olhos de Madalena, em primeiro lugar?

Somos naturalmente compelidos a indagar por que não teria aparecido, antes, ao coração abnegado e amoroso que lhe servira de Mãe ou aos discípulos amados...

Entretanto, o gesto de Jesus é profundamente simbólico em sua essência divina.

Dentre os vultos da Boa-Nova, ninguém fez tanta violência a si mesmo, para seguir o Salvador, como a inesquecível obsidiada de Magdala. Nem mesmo Paulo de Tarso faria tanto, mais tarde, porque a consciência do Apóstolo dos Gentios era apaixonada pela Lei, mas não pelos vícios. Madalena, porém, conhecera o fundo amargo dos hábitos difíceis de serem extirpados, amolecera-se ao contato de entidades perversas, permanecia "morta" nas sensações que operam a paralisia da alma; entretanto, bastou o encontro com o Cristo para abandonar tudo e seguir-lhe os passos, fiel até ao fim, nos atos de negação de si própria e na firme resolução de tomar a cruz que lhe competia no calvário redentor de sua existência angustiosa.

É compreensível que muitos estudantes investiguem a razão pela qual não apareceu o Mestre, primeiramente, a Pedro ou a João, à sua Mãe ou aos amigos. Todavia, é igualmente razoável reconhecermos que, com o seu gesto inesquecível, Jesus ratificou a lição de que a sua doutrina será, para todos os aprendizes e seguidores, o código de ouro das vidas transformadas para a glória do bem. E ninguém, como Maria de Magdala, houvera transformado a sua, à luz do Evangelho redentor.

93
Alegria cristã

Mas a vossa tristeza se converterá em alegria.
Jesus (*João*, 16:20.)

Nas horas que precederam a agonia da cruz, os discípulos não conseguiam disfarçar a dor, o desapontamento. Estavam tristes. Como pessoas humanas, não entendiam outras vitórias que não fossem as da Terra. Mas Jesus, com vigorosa serenidade, exortava-os: "Na verdade, na verdade, vos digo que vós chorareis e vos lamentareis; o mundo se alegrará e vós estareis tristes, mas a vossa tristeza se converterá em alegria."

Através de séculos, viu-se no Evangelho um conjunto de notícias dolorosas – um Salvador abnegado e puro conduzido ao madeiro destinado aos infames, discípulos debandados, perseguições sem conta, martírios e lágrimas para todos os seguidores...

No entanto, essa pesada bagagem de sofrimentos constitui os alicerces de uma vida superior, repleta de paz e alegria. Essas dores representam auxílio de Deus à terra estéril dos corações humanos. Chegam como adubo divino aos sentimentos das criaturas terrestres, para que de pântanos desprezados nasçam lírios de esperança.

Os inquietos salvadores da política e da ciência, na Crosta Planetária, receitam repouso e prazer a fim de que o espírito chore depois, por tempo indeterminado, atirado aos desvãos sombrios da consciência ferida pelas atitudes criminosas. Cristo, porém, evidenciando suprema sabedoria, ensinou a ordem natural para a aquisição das alegrias eternas, demonstrando que fornecer caprichos satisfeitos, sem advertência e medida, às criaturas do mundo, no presente estado evolutivo, é depor substâncias perigosas em mãos infantis. Por esse motivo, reservou trabalhos e sacrifícios aos companheiros amados, para que se não perdessem na ilusão e chegassem à vida real com valioso patrimônio de estáveis edificações.

Eis por que a alegria cristã não consta de prazeres da inconsciência, mas da sublime certeza de que todas as dores são caminhos para júbilos imortais.

94
Ao salvar-nos

Salva-te a ti mesmo e desce da cruz.
(*Marcos*, 15:30.)

Esse grito de ironia dos homens maliciosos continua vibrando através dos séculos.

A criatura humana não podia compreender o sacrifício do Salvador. A Terra apenas conhecia vencedores que chegavam brandindo armas, cobertos de glórias sanguinolentas, heróis da destruição e da morte, a caminho de altares e monumentos de pedra.

Aquele Messias, porém, distanciara-se do padrão habitual. Para conquistar, dava de si mesmo; a fim de possuir, nada pretendia dos homens para si próprio; no propósito de enriquecer a vida, entregava-se à morte.

Em vista disso, não faltaram os escarnecedores no momento extremo, interpelando o Divino Triunfador, com mordaz expressão.

Nesse testemunho, ensinou-nos o Mestre que, ao nos salvarmos, no campo da maldade e da ignorância ouviremos o grito da malícia geral, nas mesmas circunstâncias.

Se nos demoramos colados à ilusão do destaque, se somos trabalhadores exclusivamente interessados em nosso engrandecimento temporário na esfera carnal, com esquecimento das necessidades alheias, há sempre muita gente que nos considera privilegiados e vitoriosos; se ponderamos, no entanto, as nossas responsabilidades graves no mundo, chama-nos loucos e, quando nos surpreende em experiências culminantes, revestidas da dor sagrada que nos arrebata a esferas sublimes, passa junto de nós exibindo gestos irônicos e, recordando os altos princípios esposados por nossa vida, exclama, desdenhosa: – "Salva-te a ti mesmo e desce da cruz."

95
O Amigo oculto

Mas os olhos deles estavam como que fechados, para que o não conhecessem.
(*Lucas*, 24:16.)

Os discípulos, a caminho de Emaús, comentavam, amargurados, os acontecimentos terríveis do Calvário.

Permaneciam sob a tormenta da angústia. A dúvida penetrava-lhes a alma, levando-os ao abatimento, à negação.

Um homem desconhecido, porém, alcançou-os na estrada. Oferecia o aspecto de mísero peregrino. Sem identificar-se, esclareceu as verdades da Escritura, exaltou a cruz e o sofrimento.

Ambos os companheiros, que se haviam emaranhado no cipoal de contradições ingratas, experimentaram agradável bem-estar, ouvindo a argumentação confortadora.

Somente ao termo da viagem, em se sentindo fortalecidos no tépido ambiente da hospedaria, perceberam que o desconhecido era o Mestre.

Ainda existem aprendizes na "estrada simbólica de Emaús", todos os dias. Atingem o Evangelho e espantam-se em face dos sacrifícios necessários à eterna iluminação espiritual. Não entendem o ambiente divino da cruz e procuram "paisagens mentais" distantes... Entretanto, chega sempre um desconhecido que caminha ao lado dos que vacilam e fogem. Tem a forma de um viandante incompreendido, de um companheiro inesperado, de um velho generoso, de uma criança tímida. Sua voz é diferente das outras, seus esclarecimentos mais firmes, seus apelos mais doces.

Quem partilha, por um momento, do banquete da cruz, jamais poderá olvidá-la. Muitas vezes, partirá mundo afora, demorando-se nos trilhos escuros; no entanto, minuto virá em que Jesus, de maneira imprevista, busca esses viajores transviados e não os desampara enquanto não os contempla, seguros e livres, na hospedaria da confiança.

96
A coroa

E vestiram-no de púrpura, e, tecendo uma coroa de espinhos, lha puseram na cabeça.
(*Marcos*, 15:17.)

Quase incrível o grau de invigilância da maioria dos discípulos do Evangelho, na atualidade, ansiosos pela coroa dos triunfos mundanos. Desde longo tempo, as igrejas do Cristianismo deturpado se comprazem nos grandes espetáculos, através de enormes demonstrações de força política. E forçoso é reconhecer que grande número das agremiações espiritistas cristãs, ainda tão recentes no mundo, tendem às mesmas inclinações.

Individualmente, os prosélitos pretendem o bem-estar, o caminho sem obstáculos, as considerações honrosas do mundo, o respeito de todos, o fiel reconhecimento dos elevados princípios que esposaram na vida, por parte dos estranhos.

Quando essa bagagem de facilidades não os bafeja no serviço edificante, sentem-se perseguidos, contrariados, desditosos.

Mas... e o Cristo? não bastaria o quadro da coroa de espinhos para atenuar-nos a inquietação?

Naturalmente que o Mestre trazia consigo a Coroa da Vida; entretanto, não quis perder a oportunidade de revelar que a coroa da Terra ainda é de espinhos, de sofrimento e trabalho incessante para os que desejem escalar a montanha da Ressurreição Divina. Ao tempo em que o Senhor inaugurou a Boa-Nova entre os homens, os romanos coroavam-se de rosas; mas, legando-nos a sublime lição, Jesus dava-nos a entender que seus discípulos fiéis deveriam contar com distintivos de outra natureza.

97
Amas o bastante?

*Perguntou-lhe terceira vez: Simão,
filho de Jonas, amas-me?*
(*João*, 21:17.)

Aos aprendizes menos avisados é estranhável que Jesus houvesse indagado do apóstolo, por três vezes, quanto à segurança de seu amor. O próprio Simão Pedro, ouvindo a interrogação repetida, entristecera-se, supondo que o Mestre suspeitasse de seus sentimentos mais íntimos.

Contudo, o ensinamento é mais profundo.

Naquele instante, confiava-lhe Jesus o ministério da cooperação nos serviços redentores. O pescador de Cafarnaum ia contribuir na elevação de seus tutelados do mundo, ia apostolizar, alcançando valores novos para a vida eterna.

Muito significativa, portanto, a pergunta do Senhor nesse particular. Jesus não pede informação ao discípulo, com respeito aos raciocínios que lhe eram peculiares, não deseja inteirar-se dos conhecimentos do colaborador, relativamente a Ele, não reclama compromisso formal. Pretende saber apenas se Pedro o ama, deixando perceber que, com o amor, as demais dificuldades se resolvem. Se o discípulo possui suficiente provisão dessa essência divina, a tarefa mais dura converte-se em apostolado de bênçãos promissoras.

É imperioso, desse modo, reconhecer que as tuas conquistas intelectuais valem muito, que tuas indagações são louváveis, mas em verdade somente serás efetivo e eficiente cooperador do Cristo se tiveres amor.

98
Capas

*E ele, lançando de si a sua capa,
levantou-se e foi ter com Jesus.*
(*Marcos*, 10:50.)

O *Evangelho de Marcos* apresenta interessante notícia sobre a cura de Bartimeu, o cego de Jericó.

Para receber a bênção da divina aproximação, lança fora de si a capa, correndo ao encontro do Mestre, alcançando novamente a visão para os olhos apagados e tristes.

Não residirá nesse ato precioso símbolo?

As pessoas humanas exibem no mundo as capas mais diversas. Existem mantos de reis e de mendigos. Há muitos amigos do crime que dão preferência a "capas de santos". Raros os que não colam ao rosto a máscara da própria conveniência. Alega-se que a luta humana permanece repleta de requisições variadas, que é imprescindível atender à movimentação do século; entretanto, se alguém deseja sinceramente a aproximação de Jesus, para a recepção de benefícios duradouros, lance fora de si a capa do mundo transitório e apresente-se ao Senhor, tal qual é, sem a ruinosa preocupação de manter a pretensa intangibilidade dos títulos efêmeros, sejam os da fortuna material ou os da exagerada noção de sofrimento. A manutenção de falsas aparências, diante do Cristo ou de seus mensageiros, complica a situação de quem necessita. Nada peças ao Senhor com exigências ou alegações descabidas. Despe a tua capa mundana e apresenta-te a Ele, sem mais nem menos.

99
Prometer

Prometendo-lhes liberdade, sendo eles mesmos servos da corrupção.
(*II Pedro*, 2:19.)

É indispensável desconfiar de todas as promessas de facilidades sobre o mundo.

Jesus, que podia abrir os mais vastos horizontes aos olhos assombrados da criatura, prometeu-lhe a cruz sem a qual não poderia afastar-se da Terra para colocar-se ao seu encontro.

Em toda parte, existem discípulos descuidados que aceitam o logro de aventureiros inconscientes. É que ainda não aprenderam a lição viva do trabalho próprio a que foram chamados para desenvolver atividade particular.

Os fazedores de revoluções e os donos de projetos absurdos prometem maravilhas. Mas, se são vítimas da ambição, servos de propósitos inferiores, escravos de terríveis enganos, como poderão realizar para os outros a liberdade ou a elevação de que se conservam distantes?

Não creias em salvadores que não demonstrem ações que confirmem a salvação de si mesmos.

Deves saber que foste criado para gloriosa ascensão, mas que só é fácil descer. Subir exige trabalho, paciência, perseverança, condições essenciais para o encontro do amor e da sabedoria.

Se alguém te fala em valor das facilidades, não acredites; é possível que o aventureiro esteja descendo. Mas quando te façam ver perspectivas consoladoras, através do suor e do esforço pessoal, aceita os alvitres com alegria. Aquele que compreende o tesouro oculto nos obstáculos, e dele se vale para enriquecer a vida, está subindo e é digno de ser seguido.

100
Auxílios do Invisível

E, depois de passarem a primeira e segunda guarda, chegaram à porta de ferro, que dá para a cidade, a qual se lhes abriu por si mesma; e, tendo saído, percorreram uma rua e logo o anjo se apartou dele.
(*Atos*, 12:10.)

Os homens esperam sempre ansiosamente o auxílio do Plano Espiritual. Não importa o nome pelo qual se designe esse amparo. Na essência é invariavelmente o mesmo, embora seja conhecido entre os espiritistas por "proteção dos guias", nos ambientes católicos por "intervenção dos eleitos" e nos círculos protestantes por "manifestações do Espírito Santo".

As denominações apresentam interesse secundário. Essencial é considerarmos que semelhante colaboração constitui elemento vital nas atividades do crente sincero.

No entanto, a contribuição recebida por Pedro, no cárcere, representa lição para todos.

Sob cadeias pesadíssimas, o pescador de Cafarnaum vê aproximar-se o anjo do Senhor, que o liberta, atravessa em sua companhia os primeiros perigos na prisão, caminha ao lado do mensageiro, ao longo de uma rua; contudo, o emissário afasta-se, deixando-o novamente entregue à própria liberdade, de maneira a não desvalorizar-lhe as iniciativas.

Essa exemplificação é típica.

Os auxílios do Invisível são incontestáveis e jamais falham em suas multiformes expressões, no momento oportuno; mas é imprescindível não se vicie o crente com essa espécie de cooperação, aprendendo a caminhar sozinho, usando a independência e a vontade no que é justo e útil, convicto de que se encontra no mundo para aprender, não lhe sendo permitido reclamar dos instrutores a solução de problemas necessários à sua condição de aluno.

101
Tudo em Deus

Eu não posso de mim mesmo fazer coisa alguma.
Jesus (*João*, 5:30.)

Constitui ótimo exercício contra a vaidade pessoal a meditação nos fatores transcendentes que regem os mínimos fenômenos da vida.

O homem nada pode sem Deus.

Todos temos visto personalidades que surgem dominadoras no palco terrestre, afirmando-se poderosas sem o amparo do Altíssimo; entretanto, a única realização que conseguem efetivamente é a dilatação ilusória pelo sopro do mundo, esvaziando-se aos primeiros contatos com as verdades divinas. Quando aparecem, temíveis, esses gigantes de vento espalham ruínas materiais e aflições de espírito; todavia, o mesmo mundo que lhes confere pedestal projeta-os no abismo do desprezo comum; a mesma multidão que os assopra incumbe-se de repô-los no lugar que lhes compete.

Os discípulos sinceros não ignoram que todas as suas possibilidades procedem do Pai Amigo e Sábio, que as oportunidades de edificação na Terra, com a excelência das paisagens, recursos de cada dia e bênçãos dos seres amados, vieram de Deus que os convida, pelo espírito de serviço, a ministérios mais santos; agirão, desse modo, amando sempre, aproveitando para o bem e esclarecendo para a verdade, retificando caminhos e acendendo novas luzes, porque seus corações reconhecem que nada poderão fazer de si próprios e honrarão o Pai, entrando em santa cooperação nas suas obras.

102
O cristão e o mundo

*Primeiro a erva, depois a espiga e, por
último, o grão cheio na espiga.*
JESUS (*Marcos*, 4:28.)

Ninguém julgue fácil a aquisição de um título referente à elevação espiritual. O Mestre recorreu sabiamente aos símbolos vivos da Natureza, favorecendo-nos a compreensão.

A erva está longe da espiga, como a espiga permanece distanciada dos grãos maduros.

Nesse capítulo, o mais forte adversário da alma que deseja seguir o Salvador é o próprio mundo.

Quando o homem comum descansa nas vulgaridades e inutilidades da existência terrestre, ninguém lhe examina os passos. Suas atitudes não interessam a quem quer que seja. Todavia, em lhe surgindo no coração a erva tenra da fé retificadora, sua vida passa a constituir objeto de curiosidade para a multidão. Milhares de olhos, que o não viram quando desviado na ignorância e na indiferença, seguem-lhe, agora, os gestos mínimos com acentuada vigilância. O pobre aspirante ao título de discípulo do Senhor ainda não passa de folhagem promissora e já lhe reclamam espigas das obras celestes; conserva-se ainda longe da primeira penugem das asas espirituais e já se lhe exigem voos supremos sobre as misérias humanas.

Muitos aprendizes desanimam e voltam para o lodo, onde os companheiros não os vejam.

Esquece-se o mundo de que essas almas ansiosas ainda se acham nas primeiras esperanças e, por isso mesmo, em disputas mais ásperas por rebentar o casulo das paixões inferiores na aspiração de subir; dentro da velha ignorância, que lhe é característica, a multidão só entende o homem na animalidade em que se compraz ou, então, se o companheiro pretende elevar-se, lhe exige, de pronto, credenciais positivas do Céu, olvidando que ninguém pode trair o tempo ou enganar o espírito de sequência da Natureza. Resta ao cristão cultivar seus propósitos sublimes e ouvir o Mestre: "Primeiro a erva, depois a espiga e, por último, o grão cheio na espiga."

103
Estima do mundo

*Se chamaram Belzebu ao pai de família,
quanto mais aos seus domésticos?*
Jesus (*Mateus*, 10:25.)

Muitos discípulos do Evangelho existem, ciosos de suas predileções e pontos de vista, no campo individual.

Falsas concepções ensombram-lhes o olhar.

Quase sempre se inquietam pelo reconhecimento público das virtudes que lhes exornam o caráter, guardam o secreto propósito de obter a admiração de todos e sentem-se prejudicados se as autoridades transitórias do mundo não lhes conferem apreço.

Agem esquecidos de que o Reino de Deus não vem com aparência exterior; não percebem que, por enquanto, somente os vultos destacados, nas vanguardas financeiras ou políticas, arvoram-se em detentores de prerrogativas terrestres, senhores quase absolutos das homenagens pessoais e dos necrológios brilhantes.

Os filhos do Reino Divino sobressaem raramente e, de modo geral, enchem o mundo de benefícios sem que o homem os veja, à feição do que ocorre com o próprio Pai.

Se Jesus foi chamado feiticeiro, crucificado como malfeitor e arrebatado de sua amorosa missão para o madeiro afrontoso, que não devem esperar seus aprendizes sinceros, quando verdadeiramente devotados à sua causa?

O discípulo não pode ignorar que a permanência na Terra decorre da necessidade de trabalho proveitoso e não do uso de vantagens efêmeras que, em muitos casos, lhe anulariam a capacidade de servir. Se a força humana torturou o Cristo, não deixará de torturá-lo também. É ilógico disputar a estima de um mundo que, mais tarde, será compelido a regenerar-se para obter a redenção.

104
A espada simbólica

*Não cuideis que vim trazer a paz à Terra;
não vim trazer a paz, mas a espada.*
JESUS (*Mateus*, 10:34.)

Inúmeros leitores do Evangelho perturbam-se ante essas afirmativas do Mestre Divino, porquanto o conceito de paz, entre os homens, desde muitos séculos foi visceralmente viciado. Na expressão comum, ter paz significa haver atingido garantias exteriores, dentro das quais possa o corpo vegetar sem cuidados, rodeando-se o homem de servidores, apodrecendo na ociosidade e ausentando-se dos movimentos da vida.

Jesus não poderia endossar tranquilidade desse jaez, e, em contraposição ao falso princípio estabelecido no mundo, trouxe consigo a luta regeneradora, a espada simbólica do conhecimento interior pela revelação divina, a fim de que o homem inicie a batalha do aperfeiçoamento em si mesmo. O Mestre veio instalar o combate da redenção sobre a Terra. Desde o seu ensinamento primeiro, foi formada a frente da batalha sem sangue, destinada à iluminação do caminho humano. E Ele mesmo foi o primeiro a inaugurar o testemunho pelos sacrifícios supremos.

Há quase vinte séculos vive a Terra sob esses impulsos renovadores, e ai daqueles que dormem, estranhos ao processo santificante!

Buscar a mentirosa paz da ociosidade é desviar-se da luz, fugindo à vida e precipitando a morte.

No entanto, Jesus é também chamado o Príncipe da Paz.

Sim, na verdade o Cristo trouxe ao mundo a espada renovadora da guerra contra o mal, constituindo em si mesmo a divina fonte de repouso aos corações que se unem ao seu amor; esses, nas mais perigosas situações da Terra, encontram, n'Ele, a serenidade inalterável. É que Jesus começou o combate de salvação para a Humanidade, representando, ao mesmo tempo, o sustentáculo da paz sublime para todos os homens bons e sinceros.

105
Nem todos

E aconteceu que, quase oito dias depois destas palavras, tomou consigo a Pedro, a João e a Tiago, e subiu ao monte a orar.
(*Lucas*, 9:28.)

Digna de notar-se a atitude do Mestre, convidando apenas Simão e os filhos de Zebedeu para presenciarem a sublime manifestação do monte, quando Moisés e outro emissário divino estariam em contato direto com Jesus, aos olhos dos discípulos.

Por que não convocou os demais companheiros?

Acaso Filipe ou André não teriam prazer na sublime revelação? Não era Tomé um companheiro indagador, ansioso por equações espirituais? No entanto, o Mestre sabia a causa de suas decisões e somente Ele poderia dosar, convenientemente, as dádivas do conhecimento superior.

O fato deve ser lembrado por quantos desejem forçar a porta do Plano Espiritual.

Certo, o intercâmbio com esse ou aquele núcleo de entidades do Além é possível, mas nem todos estão preparados, a um só tempo, para a recepção de responsabilidades ou benefícios.

Não se confia, imprudentemente, um aparelho de produção preciosa, cujo manejo dependa de competência prévia, ao primeiro homem que surja, tomado de bons desejos. Não se atraiçoa impunemente a ordem natural. Nem todos os aprendizes e estudiosos receberão do Além, num pronto, as grandes revelações. Cada núcleo de atividade espiritualizante deve ser presidido pelo melhor senso de harmonia, esforço e afinidade. Nesse mister, além das boas intenções é indispensável a apresentação da ficha de bons trabalhos pessoais. E, no mundo, toda gente permanece disposta a querer isso ou aquilo, mas raríssimas criaturas se prontificam a servir e a educar-se.

106
Dar

E dá a qualquer que te pedir; e, ao que tomar o que é teu, não lho tornes a pedir.
JESUS (*Lucas*, 6:30.)

O ato de dar é dos mais sublimes nas operações da vida; entretanto, muitos homens são displicentes e incompreensíveis na execução dele.

Alguns distribuem esmolas levianamente, outros se esquecem da vigilância, entregando seu trabalho a malfeitores.

Jesus é nosso Mestre nas ocorrências mínimas. E, se ouvimo-lo recomendando estejamos prontos a dar "a qualquer" que pedir, vemo-lo atendendo a todas as criaturas do seu caminho, não de acordo com os caprichos, mas segundo as necessidades.

Concedeu bem-aventuranças aos aflitos e advertências aos vendilhões. Certo, os mercadores de má-fé, no íntimo, rogavam-lhe a manutenção do *statu quo*, mas sua resposta foi eloquente. Deu alegrias nas bodas de Caná e repreensões em assembleias dos discípulos. Proporcionou a cada situação e a cada personalidade o de que necessitavam e, quando os ingratos lhe tomaram o direito da própria vida, aos olhos da Humanidade, não voltou o Cristo a pedir-lhes que o deixassem na obra começada.

Deu tudo o que se coadunava com o bem. E deu com abundância, salientando-se que, sob o peso da cruz, conferiu sublime compreensão à ignorância geral, sem reclamação de qualquer natureza, porque sabia que o ato de dar vem de Deus e nada mais sagrado que colaborar com o Pai que está nos Céus.

107
Vinda do Reino

O Reino de Deus não vem com aparência exterior.
JESUS (*Lucas*, 17:20.)

Os agrupamentos religiosos no mundo permanecem, quase sempre, preocupados pelas conversões alheias. Os crentes mais entusiastas anseiam por transformar as concepções dos amigos. Em vista disso, em toda parte somos defrontados por irmãos aflitos pela dilatação do proselitismo em seus círculos de estudo.

Semelhante atividade nem sempre é útil, porquanto, em muitas ocasiões, pode perturbar elevados projetos em realização.

Afirma Jesus que o Reino de Deus não vem com aparência exterior. É sempre ruinosa a preocupação por demonstrar pompas e números vaidosamente, nos grupos da fé. Expressões transitórias de poder humano não atestam o Reino de Deus. A realização divina começará do íntimo das criaturas, constituindo gloriosa luz do templo interno. Não surge à comum apreciação, porque a maioria dos homens transitam semicegos, através do túnel da carne, sepultando os erros do passado culposo.

A carne é digna e venerável, pois é vaso de purificação, recebendo-nos para o resgate preciso; entretanto, para os Espíritos redimidos significa "morte" ou "transformação permanente". O homem carnal, em vista das circunstâncias que lhe governam o esforço, pode ver somente o que está "morto" ou aquilo que "vai morrer". O Reino de Deus, porém, divino e imortal, escapa naturalmente à visão dos humanos.

108
Reencarnação

Portanto, se a tua mão ou o teu pé te escandalizar, corta-o e atira-o para longe de ti; melhor te é entrar na vida, coxo ou aleijado, do que, tendo duas mãos ou dois pés, seres lançado no fogo eterno.
Jesus (*Mateus*, 18:8.)

Unicamente a reencarnação esclarece as questões do ser, do sofrimento e do destino. Em muitas ocasiões, falou-nos Jesus de seus belos e sábios princípios.

Esta passagem de Mateus é sumamente expressiva.

É indispensável considerar que o Mestre se dirigia a uma sociedade estagnada, quase morta.

No concerto das lições divinas que recebe, o cristão, a rigor, apenas conhece, de fato, um gênero de morte, a que sobrevém à consciência culpada pelo desvio da Lei; e os contemporâneos do Cristo, na maioria, eram criaturas sem atividade espiritual edificante, de alma endurecida e coração paralítico. A expressão "melhor te é entrar na vida" representa solução fundamental. Acaso, não eram os ouvintes pessoas humanas? Referia-se, porém, o Senhor à existência contínua, à vida de sempre, dentro da qual todo espírito despertará para a sua gloriosa destinação de eternidade.

Na elevada simbologia de suas palavras, apresenta-nos Jesus o motivo determinante dos renascimentos dolorosos, em que observamos aleijados, cegos e paralíticos de berço, que pedem semelhantes provas como períodos de refazimento e regeneração indispensáveis à felicidade porvindoura.

Quanto à imagem do "fogo eterno", inserta nas letras evangélicas, é recurso muito adequado à lição, porque, enquanto não se dispuser a criatura a viver com o Cristo, será impelida a fazê-lo, através de mil meios diferentes; se a rebeldia perdurar por infinidade de séculos, os processos purificadores permanecerão igualmente como o fogo material, que existirá na Terra enquanto seu concurso perdurar no tempo, como utilidade indispensável à vida física.

109
Acharemos sempre

*Porque qualquer que pede, recebe;
e quem busca, acha.*
JESUS (*Lucas*, 11:10.)

Ao experimentar o crente a necessidade de alguma coisa, recorda maquinalmente a promessa do Mestre, quando assegurou resposta adequada a qualquer que pedir.

Importa, contudo, saber o que procuramos. Naturalmente, receberemos sempre, mas é imprescindível conhecer o objeto de nossa solicitação.

Asseverou Jesus: "Quem busca, acha."

Quem procura o mal encontra-se com o mal igualmente.

Existe perfeita correspondência entre nossa alma e a alma das coisas. Não expendemos uma hipótese, examinamos uma lei.

Para os que procuram ladrões, escutando os falsos apelos do mundo interior que lhes é próprio, todos os homens serão desonestos. Assim ocorre aos que possuem aspirações de crença, acercando-se, desconfiados, dos agrupamentos religiosos. Nunca surpreendem a fé, porque tudo analisam pela má-fé a que se acolhem. Tanto experimentam e insistem, manejando os propósitos inferiores de que se nutrem, que nada encontram, efetivamente, além das desilusões que esperavam.

A fim de encontrarmos o bem, é preciso buscá-lo todos os dias.

Inegavelmente, num campo de lutas chocantes como a esfera terrestre, a caçada ao mal é imediatamente coroada de êxito, pela preponderância do mal entre as criaturas. A pesca do bem não é tão fácil; no entanto, o bem será encontrado como valor divino e eterno.

É indispensável, pois, muita vigilância na decisão de buscarmos alguma coisa, porquanto o Mestre afirmou: "quem busca, acha"; e acharemos sempre o que procuramos.

110
Vidas sucessivas

Não te maravilhes de te haver dito:
Necessário vos é nascer de novo.
JESUS (*João*, 3:7.)

A palavra de Jesus a Nicodemos foi suficientemente clara.

Desviá-la para interpretações descabidas pode ser compreensível no sacerdócio organizado, atento às injunções da luta humana, mas nunca nos espíritos amantes da verdade legítima.

A reencarnação é lei universal.

Sem ela, a existência terrena representaria turbilhão de desordem e injustiça; à luz de seus esclarecimentos, entendemos todos os fenômenos dolorosos do caminho.

O homem ainda não percebeu toda a extensão da Misericórdia Divina, nos processos de resgate e reajustamento.

Entre os homens, o criminoso é enviado a penas cruéis, seja pela condenação à morte ou aos sofrimentos prolongados.

A Providência, todavia, corrige, amando... Não encaminha os réus a prisões infectas e úmidas. Determina somente que os comparsas de dramas nefastos troquem a vestimenta carnal e voltem ao palco da atividade humana, de modo a se redimirem, uns à frente dos outros.

Para a Sabedoria Magnânima nem sempre o que errou é um celerado, como nem sempre a vítima é pura e sincera. Deus não vê apenas a maldade que surge à superfície do escândalo; conhece o mecanismo sombrio de todas as circunstâncias que provocaram um crime.

O algoz integral como a vítima integral são desconhecidos do homem; o Pai, contudo, identifica as necessidades de seus filhos e reúne-os, periodicamente, pelos laços do sangue ou na rede dos compromissos edificantes, a fim de que aprendam a lei do amor, entre as dificuldades e as dores do destino, com a bênção de temporário esquecimento.

111
Orientadores do mundo

Respondeu-lhe Jesus: És mestre em Israel e não sabes isto?
(*João*, 3:10.)

É muito comum nos círculos religiosos, notadamente nos arraiais espiritistas, o aparecimento de orientadores do mundo, reclamando provas da existência da alma.

Tempo virá em que semelhantes inquirições serão consideradas pueris, porque, afinal, esses mentores da política, da educação, da ciência, estão perguntando, no fundo, se eles próprios existem.

A resposta de Jesus a Nicodemos, embora se refira ao problema da reencarnação, enquadra-se perfeitamente ao assunto, de vez que os condutores da atualidade prosseguem indagando sobre realidades essenciais da vida.

Peçamos a Deus auxilie o homem para que não continue tentando penetrar a casa do progresso pelo telhado.

O médico leviano, até que verifique a verdade espiritual, será defrontado por experiências dolorosas no campo das realizações que lhe dizem respeito. O professor, apenas teórico, precipitar-se-á muitas vezes nas ilusões. O administrador improvisado permanecerá exposto a erros tremendos, até que se ajuste à responsabilidade que lhe é própria.

Por esse motivo, a resposta de Jesus aplica-se, com acerto, às interrogações dos instrutores modernos. Transformados em investigadores, dirigem-se a nós outros, muita vez com ironia, reclamando a certeza sobre a existência do espírito; entretanto, eles orientam os outros e se introduzem na vida dos nossos irmãos em Humanidade. Considerando essa circunstância e em se tratando de problema tão essencial para si próprios, é razoável que não perguntem, porque devem saber.

112
Como Lázaro

E o defunto saiu, tendo as mãos e os pés ligados com faixas e o seu rosto envolto num lenço. Disse-lhes Jesus: Desligai-o e deixai-o ir.
(João, 11:44.)

O regresso de Lázaro à vida ativa representa grandioso símbolo para todos os trabalhadores da Terra.

Os criminosos arrependidos, os pecadores que se voltam para o bem, os que "trincaram" o cristal da consciência, entendem a maravilhosa característica do verbo recomeçar.

Lázaro não podia ser feliz tão só por revestir-se novamente da carne perecível, mas, sim, pela possibilidade de reiniciar a experiência humana com valores novos. E, na faina evolutiva, cada vez que o espírito alcança do Mestre Divino a oportunidade de regressar à Terra, ei-lo desenfaixado dos laços vigorosos... exonerado da angústia, do remorso, do medo... A sensação do túmulo de impressões em que se encontrava era venda forte a cobrir-lhe o rosto...

Jesus, compadecido, exclamou para o mundo:

– "Desligai-o, deixai-o ir."

Essa passagem evangélica é assinalada de profunda beleza.

Preciosa é a existência de um homem, porque o Cristo lhe permitiu o desligamento dos laços criminosos com o pretérito, deixando-o encaminhar-se, de novo, às fontes da vida humana, de maneira a reconstituir e santificar os elos de seu destino espiritual, na dádiva suprema de começar outra vez.

113
Não te esqueças

*Porque muitos dos judeus, por causa
dele, iam e criam em Jesus.*
(*João*, 12:11.)

Narra o *Evangelho de João* que muita gente, encaminhando-se para Betânia, buscava acercar-se do Mestre, não somente para vê-lo, mas para contemplar também a figura de Lázaro, retirado do sepulcro. Nessa movimentação, muitos iam e voltavam transformados, irritando os círculos farisaicos.

Essa lembrança do apóstolo é preciosa.

A situação, todavia, é idêntica nos dias atuais.

A alma voltada para o Cristo quase sempre foi ressuscitada por seu amor, escapando à sombra dos pesadelos intelectuais que operam a morte do sentimento...

Muitos homens estão mortos, soterrados nos sepulcros da indiferença, do egoísmo, da negação.

Quando um companheiro, como Lázaro, tem a felicidade de ser tocado pelo Cristo, eis que se estabelece a curiosidade geral em torno de suas atitudes. Todos desejam conhecer-lhe as modificações.

    Se és, portanto, um beneficiado de Jesus; se o Senhor já te levantou do pó terrestre para o conhecimento da vida infinita, recorda-te de que teus amigos, na maioria, têm notícias do Mestre; todavia, ainda não estão preparados a compreendê-lo integralmente. Serás, como Lázaro, o ponto de observação direta para todos eles. Somente começarão a receber a claridade da crença sincera por ti, reconhecendo o poder de Jesus pela transformação que estejas demonstrando. Se já foste, pois, chamado pelo Senhor da Vida, está em tuas mãos continuares nos recintos da morte ou levantares para a edificação dos que te rodeiam.

114
As cartas do Cristo

Porque já é manifesto que sois a carta do Cristo, ministrada por nós, e escrita, não com tinta, mas com o Espírito de Deus Vivo, não em tábuas de pedra, mas nas tábuas de carne do coração.
Paulo (*II Coríntios*, 3:3.)

É singular que o Mestre não haja legado ao mundo um compêndio de princípios escritos pelas próprias mãos.

As figuras notáveis da Terra sempre assinalam sua passagem no planeta, endereçando à posteridade a sua mensagem de sabedoria e amor, seja em tábuas de pedra, seja em documentos envelhecidos.

Com Jesus, porém, o processo não foi o mesmo. O Mestre como que fez questão de escrever sua doutrina aos homens, gravando-a no coração dos companheiros sinceros. Seu testamento espiritual constitui-se de ensinos aos discípulos e não foram grafados por Ele mesmo.

Recursos humanos seriam insuficientes para revelar a riqueza eterna de sua Mensagem. As letras e raciocínios, propriamente humanos, na maioria das vezes costumam dar margem a controvérsias. Em vista disso, Jesus gravou seus ensinamentos nos corações que o rodeavam e até hoje os aprendizes que se lhe conservam fiéis são as suas cartas divinas dirigidas à Humanidade. Esses documentos vivos do santificante amor do Cristo palpitam em todas as religiões e em todos os climas. São os vanguardeiros que conhecem a vida superior, experimentam o sublime contato do Mestre e transformam-se em sua mensagem para os homens.

Podem surgir muitas contendas em torno das páginas mais célebres e formosas; todavia, perante a alma que se converteu em carta viva do Senhor, quando não haja vibrações superiores da compreensão, haverá sempre o divino silêncio.

115
Embaixadores do Cristo

*De sorte que somos embaixadores
da parte do Cristo.*
Paulo (*II Coríntios*, 5:20.)

Na catalogação dos valores sociais, todo homem de trabalho honesto é portador de determinada delegação.

Se os políticos e administradores guardam responsabilidades do Estado, os operários recebem encargos naturais das oficinas a que emprestam seus esforços.

Cada homem de bem é mensageiro do centro de realizações onde atende ao movimento da vida, em atividade enobrecedora.

As ruas estão cheias de emissários das repartições, das fábricas, dos institutos, dos órgãos de fiscalização, produção, amparo e ensino, cujos interesses conjugados operam a composição da harmonia social.

É necessário, contudo, não esquecermos que os valores da vida eterna não permaneceriam no mundo sem representantes.

Cristo possui embaixadores permanentes em seus discípulos sinceros.

Importa considerar que na presente afirmativa de Paulo de Tarso não vemos alusão ao sacerdócio presunçoso.

Todos os colaboradores leais de Jesus, em qualquer situação da vida e no lugar mais longínquo da Terra, são conhecidos na sede espiritual dos serviços divinos. É com eles, cooperadores devotados e muita vez desconhecidos dos beneficiários do mundo, que se movimenta o Mestre, cada dia, estendendo o Evangelho aplicado entre as criaturas terrestres, até a vitória final.

Entendendo esta verdade, consulta as próprias tendências, atos e pensamentos. Repara a quem serves, porque, se já recebeste a Boa-Nova da Redenção, é tempo de te tornares embaixador de sua luz.

116
Agir de acordo

Confessam que conhecem a Deus, mas negam-no com as obras, sendo abomináveis e desobedientes, e reprovados para toda boa obra.
PAULO (*Tito*, 1:16.)

O Espiritismo, em sua feição de Cristianismo Redivivo, tem papel muito mais alto que o de simples campo para novas observações técnicas da ciência instável do mundo.

A Terra, até agora, no que se refere às organizações religiosas, tem vivido repleta dos que confessam a existência de Deus, negando-o, porém, através das obras individuais.

O intercâmbio dos dois mundos, visível e invisível, de maneira direta objetiva esse reajustamento sentimental, para que a Luz Divina se manifeste nas relações comuns dos homens.

Como conciliar o conhecimento de Deus com o menosprezo aos semelhantes?

As antigas escolas religiosas, à força de se arregimentarem como agrupamentos políticos do mundo, sob o controle do sacerdócio, acabaram por estagnar os impulsos da fé, em exterioridades que aviltam as forças vivas do espírito.

A doutrina consoladora da sobrevivência e da comunicação entre os habitantes da Terra e do Infinito, com bases profundas e amplas no Evangelho, floresce entre as criaturas com características de nova revelação, para que o homem seja, nas atividades vulgares, real afirmação do bem que nasce da fé viva.

117
Terra proveitosa

Porque a terra que embebe a chuva, que cai muitas vezes sobre ela, e produz erva proveitosa para aqueles por quem é lavrada, recebe a bênção de Deus.
PAULO (*Hebreus*, 6:7.)

Os discípulos do Cristo encontrarão sempre grandes lições, em contato com o livro da Natureza.

O convertido de Damasco refere-se aqui à terra proveitosa que produz abundantemente, embebendo-se da chuva que cai, incessante, na sua superfície, representando o vaso predileto de recepção das bênçãos de Deus.

Transportemos o símbolo ao país dos corações.

Somente aqueles espíritos, atentos aos benefícios espirituais, que chovem diariamente do Céu, são suscetíveis de produzir as utilidades do serviço divino, guardando as bênçãos do Senhor.

Não que o Pai estabeleça prerrogativas injustificáveis. Sua proteção misericordiosa estende-se a todos, indistintamente, mas nem todos a recebem, isto é, inúmeras criaturas se fecham no egoísmo e na vaidade, envolvendo o coração em sombras densas.

Deus dá em todo tempo, mas nem sempre os filhos recebem, de pronto, as dádivas paternais. Apenas os corações que se abrem à luz espiritual, que se deixam embeber pelo orvalho divino, correspondem ao ideal do Lavrador Celeste.

O Altíssimo é o Senhor do Universo, sumo dispensador de bênçãos a todas as criaturas. No planeta terreno, Jesus é o Sublime Cultivador. O coração humano é a terra.

Cumpre-nos, portanto, compreender que não se lavra o solo sem retificá-lo ou sem feri-lo e que somente a terra tratada produzirá erva proveitosa, alimentando e beneficiando na Casa de Deus, atendendo, destarte, a esperança do horticultor.

118
O paralítico

E, não podendo aproximar-se d'Ele, por causa da multidão, destelharam a casa onde Jesus estava e, feita uma abertura, baixaram o leito em que jazia o paralítico.
(Marcos, 2:4.)

Muitas pessoas confessam sua necessidade do Cristo, mas frequentemente alegam obstáculos que lhes impedem a sublime aproximação.

Uns não conseguem tempo para a meditação, outros experimentam certas inquietudes que lhes parecem intermináveis.

Todavia, para que nos sintamos na vizinhança do Mestre, como legítimos interessados em seus benefícios imortais, faz-se imprescindível estender a capacidade, dilatar os recursos próprios e marchar ao encontro d'Ele, sob a luz da fé viva.

Relata-nos o *Evangelho de Marcos* a curiosa decisão do paralítico que, localizando a casa em que se achava o Senhor, plenamente sitiada pela multidão, longe de perder a oportunidade, amparou-se no auxílio dos amigos, deixando-se resvalar por um buraco, levado a efeito no telhado, de maneira a beneficiar-se no contato do Salvador, aproveitando fervorosamente o ensejo divino.

Recorda o paralítico de Cafarnaum e, na hipótese de encontrares grandes dificuldades para gozar a presença do Cristo, pelos teus impedimentos de ordem material, dirige-te para o Alto, com o amparo de teus amigos espirituais, e deixa-te cair aos seus pés divinos, recebendo forças novas que te restabeleçam a paz e o bom ânimo.

119
Glória cristã

*Porque a nossa glória é esta:
O testemunho da nossa consciência.*
PAULO (*II Coríntios*, 1:12.)

Desde as tribos selvagens, que precederam a organização das famílias humanas, tem sido a Terra grande palco utilizado na exibição das glórias passageiras.

A concorrência intensificou a procura de títulos honoríficos transitórios.

O mundo desde muito conhece glórias sangrentas da luta homicida, glórias da avareza nos cofres da fortuna morta, do orgulho nos pergaminhos brasonados e inúteis, da vaidade nos prazeres mentirosos que precedem o sepulcro; a ciência cristaliza as que lhe dizem respeito nas academias isoladas; as religiões sectaristas nas pompas externas e nas expressões do proselitismo.

Num plano, onde campeiam tantas glórias fáceis, a do cristão é mais profunda, mais difícil. A vitória do seguidor de Jesus é quase sempre no lado inverso dos triunfos mundanos. É o lado oculto. Raros conseguem vê-lo com olhos mortais.

Entretanto, essa glória é tão grande que o mundo não a proporciona, nem pode subtraí-la. É o testemunho da consciência própria, transformada em tabernáculo do Cristo vivo.

No instante divino dessa glorificação, deslumbra-se a alma ante as perspectivas do Infinito. É que algo de estranho aconteceu aí dentro, na cripta misteriosa do coração: o filho achou seu Pai em plena eternidade.

120
Zelo próprio

Olhai por vós mesmos, para que não percais o vosso trabalho, mas antes recebais o inteiro galardão.
(*II João*, 1:8.)

A natureza física, não obstante a deficiência de suas expressões em face da grandeza espiritual da vida, fornece vasto repositório de lições, alusivas ao zelo próprio.

A fim de que o espírito receba o sagrado ensejo de aprender na Terra, receberá um corpo equivalente a verdadeiro santuário. Os órgãos e os sentidos são as suas potências; mas, semelhante tabernáculo não se ergueria sem as dedicações maternas e, quando a criatura toma conta de si, gastará grande percentagem de tempo na limpeza, conservação e defesa do templo de carne em que se manifesta. Precisará cuidar da epiderme, da boca, dos olhos, das mãos, dos ouvidos.

Que acontecerá se algum departamento do corpo for esquecido? Excrescências e sujidades trarão veneno à vida.

Se o quadro fisiológico, passageiro e mortal, exige tudo isso, que não requer de nossa dedicação o espírito com os seus valores eternos?

Se já recebeste alguma luz, desvela-te em não perdê-la.

Intensifica-a em ti.

Lava os teus pensamentos em esforço diário, nas fontes do Cristo; corrige os teus sentimentos, renova as aspirações, colocando-as na direção de Mais-Alto.

Não te cristalizes.

Movimenta-te no trabalho do zelo próprio, pois há "micróbios intangíveis" que podem atacar a alma e paralisá-la durante séculos.

121
Espinheiros

Nem se vindimam uvas dos abrolhos.
JESUS (*Lucas*, 6:44.)

O cristão é um combatente ativo.

Despertando no campo do Senhor, aturde-se-lhe a visão com a amplitude e complexidade do trabalho.

Dificuldades, tropeços, cipoais, ervas daninhas...

E o Evangelho, com propriedade de conceituação, elucida que não se pode vindimar nos espinheiros.

Entretanto, teria Jesus assumido a paternidade de semelhante afirmativa para que cruzemos os braços em falsa beatitude?

Se o terreno permanece absorvido pelos abrolhos, o discípulo recebeu inúmeras ferramentas do Mestre dos Mestres.

Indispensável, pois, enfrentar o serviço.

O Cristo encarou, face a face, o sacrifício pela Humanidade inteira.

Será a existência de alguns espinheiros a causa de nossos obstáculos insuperáveis?

Não. Se hoje é impossível a vindima, ataquemos o chão duro. Lavremos o solo árido. Adubemos com suor e lágrimas.

Haverá sempre chuvas fecundantes do Céu ou generosos mananciais da Terra, abençoando-nos o esforço.

A Divina Providência reside em toda parte.

Não olvidemos o imperativo do trabalho e, depois, em lugar dos abrolhos, colheremos o fruto suave e doce da videira.

122
Frutos

Portanto, pelos seus frutos os conhecereis.
JESUS (*Mateus*, 7:20.)

O mundo atual, em suas elevadas características de inteligência, reclama frutos para examinar as sementes dos princípios.

O cristão, em razão disso, necessita aprender com a boa árvore que recebe os elementos da Providência Divina, através da seiva, e converte-os em utilidades para as criaturas.

Convém o esforço de autoanálise, a fim de identificarmos a qualidade das próprias ações.

Muitas palavras sonoras proporcionam simplesmente a impressão daquela figueira condenada.

É indispensável conhecermos os frutos de nossa vida, de modo a saber se beneficiam os nossos irmãos.

A vida terrestre representa oportunidade vastíssima, cheia de portas e horizontes para a eterna luz. Em seus círculos, pode o homem receber diariamente a seiva do Alto, transformando-a em frutos de natureza divina.

Indiscutivelmente, a atualidade reclama ensinos edificantes, mas nada compreenderá sem demonstrações práticas, mesmo porque, desde a antiguidade, considera a sabedoria que a realização mais difícil do homem, na esfera carnal, é viver e morrer fiel ao supremo bem.

123
Esperar em Cristo

Se esperamos em Cristo só nesta vida, somos os mais miseráveis de todos os homens.
(I Coríntios, 15:19.)

O exame do versículo fornece ao estudioso explicações muito claras.

É natural confiar em Cristo e aguardar n'Ele, mas que dizer da angústia da alma atormentada no círculo de cuidados terrestres, esperando egoisticamente que Jesus lhe venha satisfazer os caprichos imediatos?

Seria razoável contar com o Senhor tão só nas expressões passageiras da vida fragmentária?

É indispensável descobrir a grandeza do conceito de "vida", sem confundi-lo com "uma vida". Existir não é viajar da zona de infância, com escalas pela juventude, madureza e velhice, até ao porto da morte; é participar da Criação pelo sentimento e pelo raciocínio, é ser alguém e alguma coisa no concerto do Universo.

Na condição de encarnados, raros assuntos confundem tanto como os da morte, interpretada erroneamente como sendo o fim daquilo que não pode desaparecer.

É imprescindível, portanto, esperar em Cristo com a noção real da eternidade. A filosofia do imediatismo, na Terra, transforma os homens em crianças.

Não vos prendais à idade do corpo físico, às circunstâncias e condições transitórias. Indagai da própria consciência se permaneceis com Jesus. E aguardai o futuro, amando e realizando com o bem, convicto de que a esperança legítima não é repouso, e, sim, confiança no trabalho incessante.

124
Firmeza de fé

E os que estão sobre a pedra, estes são os que, ouvindo a palavra, a recebem com alegria; mas, como não têm raiz, apenas creem por algum tempo, e, na época da tentação, se desviam.
JESUS (*Lucas*, 8:13.)

A palavra "pedra", entre nós, costuma simbolizar rigidez e impedimento; no entanto, convém não esquecer que Jesus, de vez em quando, a ela recorria para significar a firmeza. Pedro foi chamado pelo Mestre, certa vez, a "rocha viva da fé".

O *Evangelho de Lucas* fala-nos daqueles que estão sobre pedra, os quais receberão a palavra com alegria, mas que, por ausência de raiz, caem fatalmente, na época das tentações.

Não são poucos os que estranham essa promessa de tentações, que, aliás, devem ser consideradas como experiências imprescindíveis.

Na organização doméstica, os pais cuidarão excessivamente dos filhos, em pequeninos, mas a demasia de ternura é imprópria no tempo em que necessitam demonstrar o esforço de si mesmos.

O chefe de serviço ensinará os auxiliares novos com paciência e, depois, exigirá, com justiça, expressões de trabalho próprio.

Reconhecemos, assim, pelo apontamento de Lucas, que nas experiências religiosas não é aconselhável repousar alguém sobre a firmeza espiritual dos outros; enquanto o imprevidente descansa em bases estranhas, provavelmente estará tranquilo, mas, se não possui raízes de segurança em si mesmo, desviar-se-á nas épocas difíceis, com a finalidade de procurar alicerces alheios.

Tudo convida o homem ao trabalho de seu aperfeiçoamento e iluminação.

Respeitemos a firmeza de fé, onde ela existir, mas não olvidemos a edificação da nossa, para a vitória estável.

125
Filhos e servos

Ora, o servo não fica para sempre na casa; o filho fica para sempre.
JESUS (*João*, 8:35.)

Na sua exemplificação, ensinou-nos Jesus como alcançar o título de filiação a Deus.

O trabalho ativo e incessante, o desprendimento dos interesses inferiores do mundo, a perfeita submissão aos desígnios divinos, constituíram traços fundamentais de suas lições na Terra.

Muitos homens, notáveis pela bondade, pelo caráter adamantino, sacerdotes dignos e crentes sinceros, poderão ser dedicados servos do Altíssimo. Mas o Cristo induziu-nos a ser mais alguma coisa. Convidou-nos a ser filhos, esclarecendo que esses ficam "para sempre na casa".

E os servos? esses, muita vez, experimentam modificações. Nem sempre permanecerão, ao lado do Pai.

Mas, não é a Terra igualmente uma dependência, ainda que humilde, da casa de Deus? Aí palpita a essência da lição.

O Mestre aludiu aos servos como pessoas suscetíveis de vários interesses próprios. Os filhos, todavia, possuem interesses em comum com o Pai. Os primeiros, servindo a Deus e a si mesmos, porque como servidores aguardam remuneração, podem sofrer ansiedades, aflições, delírios e dores ásperas. Os filhos, porém, estão sempre "na casa", isto é, permanecerão em paz, superiores às circunstâncias mais duras, porquanto reconhecem, acima de tudo, que pertencem a Deus.

126
Ídolos

Que vos abstenhais das coisas sacrificadas aos ídolos.
(Atos, 15:29.)

Os ambientes religiosos não perceberam ainda toda a extensão do conceito de idolatria.

Quando nos referimos a ídolos, tudo parece indicar exclusivamente as imagens materializadas nos altares de pedra. Essa é, porém, a face mais singela do problema.

Necessitam os homens exterminar, antes de tudo, outros ídolos mais perigosos, que lhes perturbam a visão e o sentimento.

Demora-se a alma, muitas vezes, em adoração mentirosa.

Refere-se o versículo às "coisas sacrificadas aos ídolos", e o homem está rodeado de coisas da vida. Movimentando-as, a criatura enriquece o patrimônio evolutivo. É necessário, no entanto, diferenciar as que se encontram consagradas a Deus das sacrificadas aos ídolos.

A ambição de alcançar os valores espirituais, de acordo com Jesus, chama-se virtude; o propósito de atingir vantagens transitórias no campo carnal, no plano da inquietação injusta, chama-se insensatez.

Os "primeiros lugares", que o Mestre nos recomendou evitemos, representam ídolos igualmente. Não consagrar, portanto, as coisas da vida e da alma ao culto do imediatismo terrestre, é escapar de grosseira posição adorativa.

Quando te encontres, pois, preocupado com os insucessos e desgostos, no círculo individual, não olvides que o Cristo, aceitando a cruz, ensinou-nos o recurso de eliminar a idolatria mantida em nosso caminho por nós mesmos.

127
Enquanto é dia

*Convém que eu faça as obras d'Aquele
que me enviou, enquanto é dia.*
JESUS (*João*, 9:4.)

Sabemos que o labor divino do Mestre é incessante e efetua-se num dia perene e resplandecente de oportunidades; no entanto, para gravar-nos no entendimento o valor real da passagem na Terra, fala-nos Jesus de sua conveniência em aproveitar o ensejo do contato direto com as criaturas.

Se semelhante atitude constitui motivo de preocupação para o Mestre, que não dizer de nós mesmos, nos círculos carnais ou nas esferas que lhes são imediatas, dentro das obrigações que nos competem na sagrada realização do bem eterno?

Cristo não se refere à necessidade de falar das obras de Deus, mas, sim, de construí-las a seu tempo.

Não ignoramos que, sendo Ele o Enviado do Altíssimo no mundo, os discípulos da Boa-Nova são, a seu turno, os mensageiros do seu amor, nos mais recônditos lugares do orbe terrestre. Os que vibram de coração voltado para o Evangelho são, efetivamente, emissários da Divina Lição entre os companheiros da vida material, onde quer que estejam, e bem-aventurados serão todos aqueles que aproveitarem o dia generoso, realizando em si próprios e em derredor de seus passos as obras santificadas d'Aquele que os enviou.

Jamais desdenhes, desse modo, a posição em que te encontrares. Busca valorizá-la, através de todos os meios ao teu alcance, a fim de que teu esforço seja uma fonte de bênçãos para os outros e para teu próprio círculo. Nunca te esqueças de aproveitar o tempo na aquisição de luz, enquanto é dia.

128
Dádivas espirituais

E, descendo eles do monte, Jesus lhes ordenou, dizendo: A ninguém conteis a visão, até que o Filho do Homem ressuscite dentre os mortos. (*Mateus*, 17:9.)

Se o homem necessita de grande prudência nos atos da vida comum, maior vigilância se exige da criatura, no trato com a esfera espiritual.

É o próprio Mestre Divino quem no-lo exemplifica.

Tendo conduzido Tiago, Pedro e João às maravilhosas revelações do Tabor, onde se transfigurou ao olhar dos companheiros, junto de gloriosos emissários do Plano Superior, recomenda solícito: "a ninguém conteis a visão, até que o Filho do Homem seja ressuscitado dos mortos."

O Mestre não determinou a mentira, entretanto, aconselhou se guardasse a verdade para ocasião oportuna.

Cada situação reclama certa cota de conhecimento.

Sabia Jesus que a narrativa prematura da sublime visão poderia despertar incompreensões e sarcasmos nas conversações vulgares e ociosas.

Não esqueçamos que todos nós estamos marchando para Deus, salientando-se, porém, que os caminhos não são os mesmos para todos.

Se guardas contigo preciosa experiência espiritual, indubitavelmente poderás usá-la, todos os dias, utilizando-a em doses apropriadas, a fim de auxiliares a cada um dos que te cercam, na posição particularizada em que se encontram; mas não barateies o que a esfera mais alta te concedeu, entregando a dádiva às incompreensões criminosas, porque tudo o que se conquista do Céu é realização intransferível.

129
Origem das tentações

Mas cada um é tentado, quando atraído e engodado pela sua própria concupiscência.
(*Tiago*, 1:14.)

Geralmente, ao surgirem grandes males, os participantes da queda imputam a Deus a causa que lhes determinou o desastre. Lembram-se, tardiamente, de que o Pai é Todo-Poderoso e alegam que a tentação somente poderia ter vindo do Divino Desígnio.

Sim, Deus é o Absoluto Amor e tanto é assim que os decaídos se conservam de pé, contando com os eternos valores do tempo, amparados por suas mãos compassivas. As tentações, todavia, não procedem da Paternidade Celestial.

Seria, porventura, o estadista humano responsável pelos atos desrespeitosos de quantos inquinam a lei por ele criada?

As referências do apóstolo estão profundamente tocadas pela luz do céu.

"Cada um é tentado, quando atraído pela própria concupiscência."

Examinemos particularmente ambos os substantivos "tentação" e "concupiscência". O primeiro exterioriza o segundo, que constitui o fundo viciado e perverso da natureza humana primitivista. Ser tentado é ouvir a malícia própria, é abrigar os inferiores alvitres de si mesmo, porquanto, ainda que o mal venha do exterior, somente se concretiza e persevera se com ele afinamos, na intimidade do coração.

Finalmente, destaquemos o verbo "atrair". Verificaremos a extensão de nossa inferioridade pela natureza das coisas e situações que nos atraem.

A observação de Tiago é roteiro certo para analisarmos a origem das tentações.

Recorda-te de que cada dia tem situações magnéticas específicas. Considera a essência de tudo o que te atraiu no curso das horas e eliminarás os males próprios, atendendo ao bem que Jesus deseja.

130
Tristeza

Porque a tristeza, segundo Deus, opera arrependimento para a salvação, o qual não traz pesar; mas a tristeza do mundo gera a morte.
PAULO (*II Coríntios*, 7:10.)

Conforme observamos na advertência de Paulo, há "uma tristeza segundo Deus" e outra "segundo a Terra". A primeira soluciona problemas atinentes à vida verdadeira, a segunda é caminho para a morte, como símbolo de estagnação, no desvio dos sentimentos.

Muita gente considera virtudes a lamentação incessante e o tédio continuado. Encontramos os tristes pela ausência de dinheiro adequado aos excessos; vemos os torturados que se lastimam pela impossibilidade de praticar o mal; ouvimos os viciados na queixa doentia, incapazes do prazer de servir sem aguilhões. Essa é a tristeza do mundo que prende o espírito à teia de reencarnações corretivas e perigosas.

Raros homens se tocam da "tristeza segundo Deus". Muito poucos contemplam a si próprios, considerando a extensão das falhas que lhes dizem respeito, em marcha para a restauração da vida, no presente e no porvir. Quem avança por esse caminho redentor, se chora jamais atinge o plano do soluço enfermiço e da inutilidade, porque sabe reajustar-se, valendo-se do tempo, a golpes benditos de esforço para as novas edificações do destino.

131
Homens e anjos

Enquanto os anjos, sendo maiores em força e poder, não pronunciam contra eles juízo blasfemo diante do Senhor.
(*II Pedro*, 2:11.)

É lastimável observar o grande número de pessoas que estão sempre dispostas a proferir sentenças blasfematórias, umas para com as outras. A leviandade domina-lhes as conversações, a mesquinhez corrompe-lhes as atividades nos mais diversos setores da vida.

Exceção feita aos sinceros cultivadores da luz religiosa, quase todos os homens se conservam à porta de situações ásperas em que o esforço difamatório lhes envenena a vida. Alimentam antipatias injustas para com os irmãos de atividade profissional, pelo próximo que lhes não aceita as ideias, pelos companheiros que se não afinam com os seus princípios. E como a lei é de compensação e troca, receberão dos colegas e dos vizinhos as mesmas vibrações destruidoras.

Guerras silenciosas, nesse sentido, têm, por vezes, secular duração.

Entretanto, o homem jactancioso está sempre rodeado pela ação benéfica de Espíritos iluminados e generosos, que, quanto mais revestidos de poder divino, mais se compadecem das fragilidades humanas, estendendo-lhes mãos acolhedoras para o caminho e jamais pronunciando juízos condenatórios diante do Senhor.

Toda vez que fores compelido a analisar os esforços alheios, recorda a palavra de Pedro. Não te esqueças de que as entidades angélicas, mananciais vivos e sublimes de força e poder, nunca enunciam sentenças acusatórias contra ti, diante de Deus.

132
Sempre adiante

*Porque de quem alguém é vencido,
do tal faz-se também escravo.*
(*II Pedro*, 2:19.)

O Espírito encarnado, a fim de alcançar os altos objetivos da vida, precisa reconhecer sua condição de aprendiz, extraindo o proveito de cada experiência, sem escravizar-se.

O dinheiro ou a necessidade material, a doença e a saúde do corpo são condições educativas de imenso valor para os que saibam aproveitar o ensejo de elevação em sua essência legítima.

Infelizmente, porém, de maneira geral, a criatura apenas reconhece semelhantes verdades quando se abeira da transformação pela morte do corpo terrestre.

Raras pessoas transitam de uma situação para outra com a dignidade devida. Comumente, se um rico é transferido a lugar de escassez, dá-se a tão extremas lamentações que acaba vencido, como servo miserável da mendicância; se o pobre é conduzido à elevada posição financeira, não raro se transforma em ordenador insensato, escravizando-se à extravagância e à tirania.

É imprescindível muito cuidado para que as posições transitórias não paralisem os voos da alma.

Guarda a retidão de consciência e atira-te ao trabalho edificante; então, a teus olhos, toda situação representará oportunidade de atingir o "mais-alto" e o "mais-além".

133
Hegemonia de Jesus

Disse-lhes Jesus: Em verdade, em verdade vos digo que, antes que Abraão existisse, eu sou. (João, 8:58.)

É impossível localizar o Cristo na História, à maneira de qualquer personalidade humana.

A divina revelação de que foi Emissário Excelso e o harmonioso conjunto de seus exemplos e ensinos falam mais alto que a mensagem instável dos mais elevados filósofos que visitaram o mundo.

Antes de Abraão, ou precedendo os grandes vultos da sabedoria e do amor na História mundial, o Cristo já era o luminoso centro das realizações humanas. De sua misericórdia partiram os missionários da luz que, lançados ao movimento da evolução terrestre, cumpriram, mais ou menos bem, a tarefa redentora que lhes competia entre as criaturas, antecedendo as eternas edificações do Evangelho.

A localização histórica de Jesus recorda a presença pessoal do Senhor da Vinha. O Enviado de Deus, o Tutor Amoroso e Sábio, veio abrir caminhos novos e estabelecer a luta salvadora para que os homens reconheçam a condição de eternidade que lhes é própria.

Os filósofos e amigos ilustres da Humanidade falaram às criaturas, revelando em si uma luz refratada, como a do satélite que ilumina as noites terrenas; os apelos desses embaixadores dignos e esclarecidos são formosos e edificantes; todavia, nunca se furtam à mescla de sombras.

A vinda do Cristo, porém, é diversa. Em sua Presença Divina, temos a fonte da verdade positiva, o sol que resplandece.

134
Basta pouco

Disse-lhe Judas: Senhor, donde vem que te hás de manifestar a nós e não ao mundo?
(João, 14:22.)

Um dos fatos mais surpreendentes do Cristianismo é a posição escolhida pelo Salvador, a fim de anunciar as verdades eternas.

Não aparece Jesus em decretos sensacionais, em troféus revolucionários ou em situações de domínio. Chega em paz à manjedoura simples, exemplifica o trabalho, conversa com alguns homens obscuros de uma aldeola singela e, só com isso, prepara a transformação da Humanidade inteira.

Para o mundo inferior, todavia, a pergunta de Tadeu ainda é de plena atualidade.

As criaturas vulgares só entendem os que se impõem aos demais, ainda que, para isso, sejam compelidas a ouvir sentenças tirânicas, proferidas em tribunas sanguinolentas; apenas compreendem espetáculos que ferem a visão e gestos teatrais dos que dominam por um dia para sofrerem amanhã o mesmo processo transformador imposto ao mundo transitório ao qual se dirigem.

Jesus, todavia, falou à alma imortal. Por esse motivo, suas revelações nunca morrem. Além disso, provou não ser necessária a evidência social ou econômica para o serviço de utilidade a Deus, demonstrando, ainda, não ser para isso indispensável a cidade com as arregimentações e recursos faustosos. Bastarão os princípios edificantes e simples, uma aldeota sem nome e alguns poucos amigos.

O portador da boa vontade sabe que foi esse o material com que o Cristo iniciou a remodelação da vida terrestre.

135
O ouro intransferível

*Aconselho-te que de mim compres ouro
provado no fogo, para que te enriqueças.*
(*Apocalipse*, 3:18.)

Sempre vulgares as aquisições de custo fácil.

Nada difícil ao homem comum perseguir as possibilidades financeiras, aliciar interesses mesquinhos, inventar mil recursos para atingir os fins inferiores; entretanto, os que adotam semelhante norma desconhecem o caráter sagrado do mais humilde patrimônio que lhes vai às mãos, abusando da posse para sentirem-se, depois, mais empobrecidos que nunca.

A recomendação divina é suficientemente clara.

Para que um homem se enriqueça, deve adquirir o ouro provado no fogo, fortuna essa que procede das mãos generosas do Altíssimo.

Somente essa riqueza espiritual, adquirida nas situações de trabalho árduo, de profunda compreensão, de vitória sobre si mesmo, de esforço incessante, conferirá ao espírito a posição de ascendência legítima, de bem-estar permanente, além das transformações impostas pelo sepulcro, e apenas levará a efeito tão elevada conquista após entregar-se totalmente ao Pai para a grandeza do Divino Serviço.

O homem mobilizado pelo homem poderá, sem dúvida, receber volumosos salários. Convenhamos, porém, que esses bens se transformam sempre ou algum dia serão transferidos a outrem pelo detentor provisório. No entanto, quando o trabalhador gasta suas possibilidades nos trabalhos do bem, com esquecimento do egoísmo, desinteressado de si próprio, colocando acima dos caprichos da personalidade os objetivos da Obra de Deus, lutando, amando, sofrendo e entregando-se a Ele, adquire, indiscutivelmente, o ouro eterno e intransferível.

136
Coisas terrestres e celestiais

Se vos tenho falado de coisas terrestres, e não me credes, como crereis se vos falar das celestiais?
Jesus (*João*, 3:12.)

No intercâmbio com o Mundo Espiritual, é frequente a reclamação de certos estudiosos, relativamente à ausência de informações das entidades comunicantes, no que se refere às particularidades alusivas às atividades em que se movimentam.

Por que não se fazem mais explícitos os desencarnados quanto ao novo gênero de vida a que foram chamados? como serão suas cidades, suas casas, seus processos de relações comuns? através de que meios se organizam hierarquicamente? terão governos nos moldes terrestres?

Indagam outros, relativamente às razões pelas quais os cientistas libertos do plano físico não voltam aos antigos centros de pesquisas e realizações, vulgarizando métodos de cura para as chamadas moléstias incuráveis ou revelando invenções novas que acelerem o progresso mundial.

São esses os argumentos apressados da preguiça humana.

Se os espíritos comunicantes têm tratado quase que somente do material existente em torno das próprias criaturas terrenas, num curso metódico de introdução a tarefas mais altas e ainda não puderam ser integralmente ouvidos, que viria a acontecer se olvidassem compromissos graves, dando-se ao gosto de comentários prematuros?

É necessário compreenda o homem que Deus concede os auxílios; entretanto, cada espírito é obrigado a talhar a própria glória.

A grande tarefa do Mundo Espiritual, em seu mecanismo de relações com os homens encarnados, não é a de trazer conhecimentos sensacionais e extemporâneos, mas a de ensinar os homens a ler os sinais divinos que a vida terrestre contém em si mesma, iluminando-lhes a marcha para a Espiritualidade Superior.

137
O banquete dos publicanos

E os fariseus, vendo isto, disseram aos seus discípulos: Por que come o vosso Mestre com os publicanos e pecadores?
(*Mateus*, 9:11.)

De maneira geral, a comunidade cristã, em seus diversos setores, ainda não percebeu toda a significação do banquete do Mestre, entre publicanos e pecadores.

Não só a última ceia com os discípulos mais íntimos se revestiu de singular importância. Nessa reunião de Jerusalém, ocorrida na Páscoa, revela-nos Jesus o caráter sublime de suas relações com os amigos de apostolado. Trata-se de ágape íntimo e familiar, solenizando despedida afetuosa e divina lição ao mesmo tempo.

No entanto, é necessário recordar que o Mestre atendia a esse círculo em derradeiro lugar, porquanto já se havia banqueteado carinhosamente com os publicanos e pecadores. Partilhava a ceia com os discípulos, num dia de alta vibração religiosa, mas comungara o júbilo daqueles que viviam à distância da fé, reunindo-os, generoso, e conferindo-lhes os mesmos bens nascidos de seu amor.

O banquete dos publicanos tem especial significado na história do Cristianismo. Demonstra que o Senhor abraça a todos os que desejem a excelência de sua alimentação espiritual nos trabalhos de sua vinha, e que não só nas ocasiões de fé permanece presente entre os que o amam; em qualquer tempo e situação, está pronto a atender as almas que o buscam.

O banquete dos pecadores foi oferecido antes da ceia aos discípulos. E não nos esqueçamos de que a mesa divina prossegue em sublime serviço. Resta aos comensais o aproveitamento da concessão.

138
Pretensões

*Eu plantei, Apolo regou; mas
Deus deu o crescimento.*
PAULO (*I Coríntios*, 3:6.)

A igreja de Corinto estava cheia de alegações dos discípulos inquietos.

Certos componentes da instituição imprimiam maior valor aos esforços de Paulo, enquanto outros conferiam privilégios de edificação a Apolo.

O advogado dos gentios foi divinamente inspirado, comentando o assunto em sua carta.

Por que pretensões individuais numa obra da qual somos todos beneficiários do mesmo Senhor?

Na atualidade, é louvável o exame da recomendação de Paulo aos coríntios, porquanto já não são os usufrutuários da organização cristã que se rejubilam pela recepção das bênçãos do Evangelho através desse ou daquele dos trabalhadores do Cristo, mas os operários da causa que, por vezes, chegam ao campo de serviço exibindo-se por vultos destacados dessa ou daquela obra do bem.

A certeza de que "toda boa dádiva vem de Deus" constitui excelente exercício para os trabalhos comuns.

É interessante observar como está sempre disposto o homem a se apropriar de circunstâncias que o elevem no alheio conceito com facilidade. Sempre inclinado a destacar-se nos círculos do bem que ainda lhe não pertence de modo substancial, raramente assume a paternidade dos erros que comete. Essa é uma das singulares contradições da criatura.

Não te esqueças. O serviço é de todos. Uns plantam, outros adubam. Vive contente no setor de trabalho confiado às tuas mãos ou à tua inteligência e serve sem pretensões, porque o homem prepara a terra e organiza a semeadura, por misericórdia da Providência, mas é Deus quem põe as flores nas frondes e concede os frutos, segundo o merecimento.

139
Por amor

Cegou-lhes os olhos e endureceu-lhes o coração, a fim de que não vejam com os olhos e compreendam no coração e se convertam e eu os cure.
(*João*, 12:40.)

Os planos mais humildes da Natureza revelam a Providência Divina, em soberana expressão de desvelo e amor.

Os lírios não tecem, as aves não guardam provisões e misteriosa força fornece-lhes o necessário.

A observação sobre a vida dos animais demonstra os extremos de ternura com que o Pai vela pela Criação desde o princípio: aqui, uma asa; acolá, um dente a mais; ali, desconhecido poder de defesa.

Afirma-se a grande revelação de amor em tudo.

No entanto, quando o Pai convoca os filhos à cooperação nas suas obras, eis que muita vez se salientam os ingratos, que convertem os favores recebidos, não em deveres nobres e construtivos, mas em novas exigências; então, faz-se preciso que o coração se lhes endureça cada vez mais, porque, fora do equilíbrio, encontrarão o sofrimento na restauração indispensável das leis eternas desse mesmo amor divino. Quando nada enxergam além dos aspectos materiais da paisagem transitória, sobrevém, inopinadamente, a luta depuradora.

É quando Jesus chega e opera a cura.

Só então torna o ingrato à compreensão da Magnanimidade Divina.

O amor equilibra, a dor restaura. É por isso que ouvimos muitas vezes: Nunca teria acreditado em Deus se não houvesse sofrido.

140
Para os montes

*Então, os que estiverem na Judeia,
fujam para os montes.*
JESUS (*Mateus*, 24:16.)

Referindo-se aos instantes dolorosos que assinalariam a renovação planetária, aconselhou o Mestre aos que estivessem na Judeia procurar os montes. A advertência é profunda, porque pelo termo "Judeia" devemos tomar a "região espiritual" de quantos, pelas aspirações íntimas, se aproximem do Mestre para a suprema iluminação.

E a atualidade da Terra é dos mais fortes quadros nesse gênero. Em todos os recantos, estabelecem-se lutas e ruínas. Venenos mortíferos são inoculados pela política inconsciente nas massas populares. A baixada está repleta de nevoeiros tremendos. Os lugares santos permanecem cheios de trevas abomináveis. Alguns homens caminham ao sinistro clarão de incêndios. Aduba-se o chão com sangue e lágrimas, para a semeadura do porvir.

    É chegado o instante de se retirarem os que permanecem na Judeia para os "montes" das ideias superiores. É indispensável manter-se o discípulo do bem nas alturas espirituais, sem abandonar a cooperação elevada que o Senhor exemplificou na Terra; que aí consolide a sua posição de colaborador fiel, invencível na paz e na esperança, convicto de que, após a passagem dos homens da perturbação, portadores de destroços e lágrimas, são os filhos do trabalho que semeiam a alegria, de novo, e reconstroem o edifício da vida.

141
Pior para eles

Então começou a dizer-lhes: Hoje se cumpriu esta Escritura em vossos ouvidos.
(Lucas, 4:21.)

Tomando lugar junto dos habitantes de Nazaré, exclamou Jesus, após ler algumas promessas de Isaías: "Hoje se cumpriu esta Escritura em vossos ouvidos".

Os agrupamentos religiosos são procurados, quase sempre, por investigadores curiosos que, à primeira vista, parecem vagabundos itinerantes; todavia, é forçoso reconhecer que há sempre ascendentes espirituais compelindo-lhes o espírito ao exame e à consulta; eles próprios não saberiam definir essa convocação sutil e silenciosa que os obriga a ouvir, por vezes, grandes preleções, longas palestras, exposições e elucidações que, aparentemente, não os interessam.

Em várias circunstâncias, afirmam tolerar o assunto, em vista do código de gentileza e do respeito mútuo; entretanto, não é assim. Existe algo mais forte, além das boas maneiras que os compelem a ouvir. É que soou o momento da revelação espiritual para eles.

Muitos continuam indiferentes, irônicos, recalcitrantes, mas a responsabilidade do conhecimento já lhes pesa nos ombros e, se pudessem sentir a verdade com mais clareza, albergariam a carinhosa admoestação do Mestre no íntimo da alma: "Hoje se cumpre esta Escritura em vossos ouvidos."

A misericórdia foi dispensada. Deu Jesus alguma coisa de sua bondade infinita. Cumpriu-se a divina palavra. Se os interessados não se beneficiarem com ela, pior para eles.

142
Um só senhor

Nenhum servo pode servir a dois senhores.
Jesus (*Lucas*, 16:13.)

Se os cristãos de todos os tempos encontraram dolorosas situações de perplexidade nas estradas do mundo, é que, depois dos apóstolos e dos mártires, a maioria tem cooperado na divulgação de falsos sentimentos, com respeito ao Senhor a que devem servir.

Como o Reino do Cristo ainda não é da Terra, não se pode satisfazer a Jesus e ao mundo, a um só tempo. O vício e o dever não se aliam na marcha diária.

Que dizer de um homem que pretenda dirigir dois centros de atividade antagônica, em simultâneo esforço?

Cristo é a linha central de nossas cogitações.

Ele é o Senhor único, depois de Deus, para os filhos da Terra, com direitos inalienáveis, porquanto é a nossa luz do primeiro dia evolutivo e adquiriu-nos para a redenção com os sacrifícios de seu amor.

Somos servos d'Ele. Precisamos atender-lhe aos interesses sublimes, com humildade. E, para isso, é necessário não fugir do mundo, nem das responsabilidades que nos cercam, mas, sim, transformar a parte de serviço confiada ao nosso esforço, nos círculos de luta, em célula de trabalho do Cristo.

A tarefa primordial do discípulo é, portanto, compreender o caráter transitório da existência carnal, consagrar-se ao Mestre como centro da vida e oferecer aos semelhantes os seus divinos benefícios.

143
Legião do mal

*E perguntou-lhe: Qual é o teu nome?
– Ao que ele respondeu: Legião é o
meu nome, porque somos muitos.*
(*Marcos*, 5:9.)

O Mestre legou inolvidável lição aos discípulos nesta passagem dos Evangelhos.

Dispensador do bem e da paz, aproxima-se Jesus do espírito perverso que o recebe em desesperação.

O Cristo não se impacienta e indaga carinhosamente de seu nome, respondendo-lhe o interpelado: "Chamo-me Legião, porque somos muitos."

Os aprendizes que o seguiam não souberam interpretar a cena, em toda a sua expressão simbólica.

E até hoje pergunta-se pelo conteúdo da ocorrência com justificável estranheza.

É que o Senhor desejava transmitir imortal ensinamento aos companheiros de tarefa redentora.

À frente do Espírito delinquente e perturbado, Ele era apenas um; o interlocutor, entretanto, denominava-se "Legião", representava maioria esmagadora, personificava a massa vastíssima das intenções inferiores e criminosas. Revelava o Mestre que, por indeterminado tempo, o bem estaria em proporção diminuta comparado ao mal em aludes arrasadores.

Se te encontras, pois, a serviço do Cristo na Terra, não te esqueças de perseverar no bem, dentro de todas as horas da vida, convicto de que o mal se faz sentir em derredor, à maneira de legião ameaçadora, exigindo funda serenidade e grande confiança no Cristo, com trabalho e vigilância, até à vitória final.

144
Que temos com o Cristo?

Ah! que temos contigo, Jesus Nazareno? vieste destruir-nos? Bem sei quem és: o Santo de Deus. (Marcos, 1:24.)

Grande erro supor que o Divino Mestre houvesse terminado o serviço ativo, no Calvário.

Jesus continua caminhando em todas as direções do mundo; seu Evangelho redentor vai triunfando, palmo a palmo, no terreno dos corações.

Semelhante circunstância deve ser lembrada porque também os Espíritos maléficos tentam repelir o Senhor diariamente.

Refere-se o evangelista a entidades perversas que se assenhoreavam do corpo da criatura. Entretanto, essas inteligências infernais prosseguem dominando vastos organismos do mundo.

Na edificação da política, erguida para manter os princípios da ordem divina, surgem sob os nomes de discórdia e tirania; no comércio, formado para estabelecer a fraternidade, aparecem com os apelidos de ambição e egoísmo; nas religiões e nas ciências, organizações sagradas do progresso universal, acodem pelas denominações de orgulho, vaidade, dogmatismo e intolerância sectária.

Não somente o corpo da criatura humana padece a obsessão de espíritos perversos. Os agrupamentos e instituições dos homens sofrem muito mais.

E quando Jesus se aproxima, através do Evangelho, pessoas e organizações indagam com pressa: que temos com o Cristo? que temos a ver com a vida espiritual?

É preciso permanecer vigilante à frente de tais sutilezas, porquanto o adversário vai penetrando também os círculos do Espiritismo evangélico, vestido nas túnicas brilhantes da falsa ciência.

145
Doutrinações

Mas não vos alegreis porque se vos sujeitem os espíritos; alegrai-vos, antes, por estarem os vossos nomes escritos nos céus.
Jesus (*Lucas*, 10:20.)

Frequentemente encontramos novos discípulos do Evangelho exultando de contentamento, porque os Espíritos perturbados se lhes sujeitam.

Narram, com alegria, os resultados de sessões empolgantes, nas quais doutrinaram, com êxito, entidades muita vez ignorantes e perversas.

Perdem-se muitos no emaranhado desses deslumbramentos e tocam a multiplicar os chamados "trabalhos práticos", sequiosos por orientar, em contatos mais diretos, os amigos inconscientes ou infelizes dos planos imediatos à esfera carnal.

Recomendou Jesus o remédio adequado a situações semelhantes, em que os aprendizes, quase sempre interessados em ensinar os outros, esquecem, pouco a pouco, de aprender em proveito próprio.

Que os doutrinadores sinceros se rejubilem, não por submeterem criaturas desencarnadas, em desespero, convictos de que em tais circunstâncias o bem é ministrado, não propriamente por eles, em sua feição humana, mas por emissários de Jesus, caridosos e solícitos, que os utilizam à maneira de canais para a Misericórdia Divina; que esse regozijo nasça da oportunidade de servir ao bem, de consciência sintonizada com o Mestre Divino, entre as certezas doces da fé, solidamente guardada no coração.

A palavra do Mestre aos companheiros é muito expressiva e pode beneficiar amplamente os discípulos inquietos de hoje.

146
No trato com o Invisível

E, chamando-os a si, disse-lhes por parábolas: Como pode Satanás expulsar Satanás?
(Marcos, 3:23.)

Esta passagem do Evangelho é sumamente esclarecedora para os companheiros da atualidade que, nas tarefas do Espiritismo cristão, se esforçam por auxiliar desencarnados infelizes a se equilibrarem no caminho redentor.

Ninguém aguarde êxito imediato, ao procurar amparar os que se perderam na desorientação.

É impossível dispensar a colaboração do tempo para que se esclareçam as personagens das tragédias humanas e, segundo sabemos, nem mesmo os apóstolos conseguiram, de pronto, convencer as entidades perturbadas, quanto ao realismo de sua perigosa situação. Todavia, sem atitudes esterilizantes, muito pode fazer o discípulo no setor dessas atividades iluminativas. Na atualidade, companheiros devotados ao serviço ainda sofrem a perseguição dos adversários da luz, que lhes atribuem sombrio pacto com poderes perversos. O sectarismo religioso cognomina-os sequazes de Satanás, impondo-lhes torturas e humilhações.

No entanto, as mesmas objurgatórias e recriminações descabidas foram atiradas ao Mestre Divino pelo sacerdócio organizado de seu tempo. Atendendo aos enfermos e obsidiados, entregues a destrutivas forças da sombra, recebeu Jesus o título de feiticeiro, filho de Belzebu. Isso constitui significativa recordação que, naturalmente, infundirá muito conforto aos discípulos novos.

147
Um desafio

E agora por que te deténs?
(*Atos*, 22:16.)

Relatando à multidão sua inesquecível experiência às portas de Damasco, o Apóstolo dos Gentios conta que, em face da perplexidade que o defrontara, perguntou-lhe Ananias, em advertência fraterna: "E agora por que te deténs?"

A interrogação merece meditada por todos os que já receberam convites, apelos, dádivas ou socorros do Plano Espiritual.

Inumeráveis beneficiários do Evangelho prendem-se a obstáculos de toda sorte na província nebulosa da queixa.

Se felicitados pela luz da fé, lastimam não haver conhecido a verdade na juventude ou nos dias de abastança; contudo, na idade madura ou na dificuldade material, sustentam as mesmas tendências inferiores que lhes marcavam as atitudes nos círculos da ignorância.

Nas palavras, exteriorizam sempre grande boa vontade; entretanto, quando chamados ao serviço ativo, queixam-se imediatamente da falta de dinheiro, de saúde, de tempo, de forças.

São operários contraditórios que, ao tempo do equilíbrio orgânico, exigem repouso, e, na época de enfermidade corporal, alegam saudades do serviço.

É indispensável combater essas expressões destrutivas da personalidade.

Em qualquer posição e em qualquer tempo, estamos cercados pelas possibilidades de serviço com o Salvador. E, para todos nós, que recebemos as dádivas divinas, de mil modos diversos, foi pronunciado o sublime desafio: "E agora por que te deténs?"

148
Cuidado de si

Tem cuidado de ti mesmo e da doutrina: persevera nestas coisas; porque, fazendo isto, te salvarás, tanto a ti mesmo como aos que te ouvem.
PAULO (*I Timóteo*, 4:16.)

Em toda parte há pelotões do exército dos pessimistas, de braços cruzados, em desalento.

Não compreendem o trabalho e a confiança, a serenidade e a fé viva, e costumam adotar frases de grande efeito, condenando situações e criaturas.

Às vezes, esses soldados negativos são pessoas que assumiram a responsabilidade de orientar.

Todavia, embora a importância de suas atribuições, permanecem enganados.

As dificuldades terrestres efetivamente são enormes e os seus obstáculos reclamam grande esforço das almas nobres em trânsito no planeta, mas é imprescindível não perder cada discípulo o cuidado consigo próprio. É indispensável vigiar o campo interno, valorizar as disciplinas e aceitá-las, bem como examinar as necessidades do coração. Esse procedimento conduz o espírito a horizontes mais vastos, efetuando imensa amplitude de compreensão, dentro da qual abrigamos, no íntimo, santo respeito por todos os círculos evolutivos, dilatando, assim, o patrimônio da esperança construtiva e do otimismo renovador.

Ter cuidado consigo mesmo é trabalhar na salvação própria e na redenção alheia. Esse o caminho lógico para a aquisição de valores eternos.

Circunscrever-se o aprendiz aos excessos teóricos, furtando-se às edificações do serviço, é descansar nas margens do trabalho, situando-se, pouco a pouco, no terreno ingrato da crítica satânica sobre o que não foi objeto de sua atenção e de sua experiência.

149
Propriedade

E o mancebo, ouvindo esta palavra, retirou-se triste, porque possuía muitas propriedades.
(*Mateus*, 19:22.)

O instinto de propriedade tem provocado grandes revoluções, ensanguentando os povos. Nas mais diversas regiões do planeta respiram homens inquietos pela posse material, ciosos de suas expressões temporárias e dispostos a morrer em sua defesa.

Isso demonstra que o homem ainda não aprendeu a possuir.

Com esta argumentação, não desejamos induzir a criatura a esquecer a formiga previdente, adotando por modelo a cigarra descuidosa. Apenas convidamos, a quem nos lê, a examinar a precariedade das posses efêmeras.

Cada conquista terrestre deveria ser aproveitada pela alma, como força de elevação.

O homem ganhará impulso santificante, compreendendo que só possui verdadeiramente aquilo que se encontra dentro dele, no conteúdo espiritual de sua vida. Tudo o que se relaciona com o exterior – como sejam: criaturas, paisagens e bens transitórios – pertence a Deus, que lhos concederá de acordo com os seus méritos.

Essa realidade sentida e vivida constitui brilhante luz no caminho, ensinando ao discípulo a sublime lei do uso, para que a propriedade não represente fonte de inquietações e tristeza, como aconteceu ao jovem dos ensinamentos de Jesus.

150
Aguilhões

Duro é para ti recalcitrar contra o aguilhão.
JESUS (*Atos*, 9:5.)

O caminho evolutivo está sempre repleto de aguilhões.

De outro modo, não enxergaríamos a porta redentora.

Entrega-se Deus aos filhos da Criação inteira, reparte com todos os tesouros de seu amor infinito, estimula-os a se elevarem, através de mil modos diferentes; entretanto, existem círculos numerosos como a Terra, em que as criaturas não se apercebem dessas realidades gloriosas e paralisam a marcha, dormindo no leito da ilusão.

Perante tal inércia, os mensageiros da Providência, aos quais se confiou a tarefa de iluminação dos que estacionam na sombra, promovem recursos para que se verifique o despertar.

Cientes de que Deus dá tudo – a vida, os caminhos, os bens infinitos, os gênios inspiradores e só pede às criaturas se lhe dirijam aos braços paternais – esses divinos emissários organizam os aguilhões, por amor aos seus tutelados.

Nesse programa, criou Jesus os mais nobres incitamentos, para a esfera terrestre. A riqueza e a pobreza, a fealdade e a formosura, o sofrimento e a luta são aguilhões ou oportunidades instituídos pelo Cristo, a benefício dos homens.

Cada existência e cada pessoa tem a sua dificuldade particular, simbolizando ensejo bendito.

Analisa a tua vida, situa teus aguilhões e não te voltes contra eles.

Se um espírito da grandeza de Paulo de Tarso não podia recalcitrar, imagina o que se pedirá do nosso esforço.

151
Mocidade

Foge também dos desejos da mocidade; e segue a justiça, a fé, o amor e a paz com os que, de coração puro, invocam o Senhor.
PAULO (*II Timóteo*, 2:22.)

Quase sempre os que se dirigem à mocidade lhe atribuem tamanhos poderes que os jovens terminam em franca desorientação, enganados e distraídos. Costuma-se esperar deles a salvaguarda de tudo.

Concordamos com as suas vastas possibilidades, mas não podemos esquecer que essa fase da existência terrestre é a que apresenta maior número de necessidades no capítulo da direção.

O moço poderá e fará muito se o espírito envelhecido na experiência não o desamparar no trabalho. Nada de novo conseguirá erigir, caso não se valha dos esforços que lhe precederam as atividades. Em tudo, dependerá de seus antecessores.

A juventude pode ser comparada a esperançosa saída de um barco para viagem importante. A infância foi a preparação, a velhice será a chegada ao porto. Todas as fases requisitam as lições dos marinheiros experientes, aprendendo-se a organizar e a terminar a viagem com o êxito desejável.

É indispensável amparar convenientemente a mentalidade juvenil e que ninguém lhe ofereça perspectivas de domínio ilusório.

Nem sempre os desejos dos mais moços constituem o índice da segurança no futuro.

A mocidade poderá fazer muito, mas que siga, em tudo, "a justiça, a fé, o amor e a paz com os que, de coração puro, invocam o Senhor".

152
Ciência e amor

A ciência incha, mas o amor edifica.
PAULO (*I Coríntios*, 8:1.)

A ciência pode estar cheia de poder, mas só o amor beneficia. A ciência, em todas as épocas, conseguiu inúmeras expressões evolutivas. Vemo-la no mundo, exibindo realizações que pareciam quase inatingíveis. Máquinas enormes cruzam os ares e o fundo dos oceanos. A palavra é transmitida, sem fios, a longas distâncias. A imprensa difunde raciocínios mundiais. Mas, para essa mesma ciência pouco importa que o homem lhe use os frutos para o bem ou para o mal. Não compreende o desinteresse, nem as finalidades santas.

O amor, porém, aproxima-se de seus labores e retifica-os, conferindo-lhe a consciência do bem. Ensina que cada máquina deve servir como utilidade divina, no caminho dos homens para Deus, que somente se deveria transmitir a palavra edificante como dádiva do Altíssimo, que apenas seria justa a publicação dos raciocínios elevados para o esforço redentor das criaturas.

Se a ciência descobre explosivos, esclarece o amor quanto à utilização deles na abertura de estradas que liguem os povos; se a primeira confecciona um livro, ensina o segundo como gravar a verdade consoladora. A ciência pode concretizar muitas obras úteis, mas só o amor institui as obras mais altas. Não duvidamos de que a primeira, bem interpretada, possa dotar o homem de um coração corajoso; entretanto, somente o segundo pode dar um coração iluminado.

O mundo permanece em obscuridade e sofrimento, porque a ciência foi assalariada pelo ódio, que aniquila e perverte, e só alcançará o porto de segurança quando se render plenamente ao amor de Jesus Cristo.

153
Passes

*E rogava-lhe muito, dizendo: Minha
filha está moribunda; rogo-te que venhas e lhe
imponhas as mãos para que sare, e viva.*
(*Marcos*, 5:23.)

Jesus impunha as mãos nos enfermos e transmitia-lhes os bens da saúde. Seu amoroso poder conhecia os menores desequilíbrios da Natureza e os recursos para restaurar a harmonia indispensável.

Nenhum ato do Divino Mestre é destituído de significação. Reconhecendo essa verdade, os apóstolos passaram a impor as mãos fraternas em nome do Senhor e tornavam-se instrumentos da Divina Misericórdia.

Atualmente, no Cristianismo Redivivo, temos, de novo, o movimento socorrista do Plano Invisível, através da imposição das mãos. Os passes, como transfusões de forças psíquicas, em que preciosas energias espirituais fluem dos mensageiros do Cristo para os doadores e beneficiários, representam a continuidade do esforço do Mestre para atenuar os sofrimentos do mundo.

Seria audácia por parte dos discípulos novos a expectativa de resultados tão sublimes quanto os obtidos por Jesus junto aos paralíticos, perturbados e agonizantes.

O Mestre sabe, enquanto nós outros estamos aprendendo a conhecer. É necessário, contudo, não desprezar-lhe a lição, continuando, por nossa vez, a obra de amor, através das mãos fraternas.

Onde exista sincera atitude mental do bem, pode estender-se o serviço providencial de Jesus.

Não importa a fórmula exterior. Cumpre-nos reconhecer que o bem pode e deve ser ministrado em seu nome.

154
Renunciar

E todo aquele que tiver deixado casas, irmãos, irmãs, pai, mãe, mulher, filhos ou terras, por amor do meu nome, receberá cem vezes tanto e herdará a vida eterna.
Jesus (*Mateus*, 19:29.)

Neste versículo do *Evangelho de Mateus*, o Mestre Divino nos induz ao dever de renunciar aos bens do mundo para alcançar a vida eterna. Há necessidade, proclama o Messias, de abandonar pai e mãe, mulher e irmãos do mundo. No entanto, é necessário esclarecer como renunciar.

Jesus explica que o êxito pertencerá aos que assim procederem por amor de seu nome.

À primeira vista, o alvitre divino parece contrassenso.

Como olvidar os sagrados deveres da existência, se o Cristo veio até nós para santificá-los? Os discípulos precipitados não souberam atingir o sentido do texto, nos tempos mais antigos. Numerosos irmãos de ideal recolheram-se à sombra do claustro, esquecendo obrigações superiores e inadiáveis.

Fácil, porém, reconhecer como o Cristo renunciou.

Aos companheiros que o abandonaram aparece, glorioso, na ressurreição. Não obstante as hesitações dos amigos, divide com eles, no cenáculo, os júbilos eternos. Aos homens ingratos que o crucificaram oferece sublime roteiro de salvação com o Evangelho e nunca se descuidou um minuto das criaturas.

Observemos, portanto, o que representa renunciar por amor ao Cristo. É perder as esperanças da Terra, conquistando as do Céu.

Se os pais são incompreensíveis, se a companheira é ingrata, se os irmãos parecem cruéis, é preciso renunciar à alegria de tê-los melhores ou perfeitos, unindo-nos, ainda mais, a eles todos, a fim de trabalhar no aperfeiçoamento com Jesus.

Acaso, não encontras compreensão no lar? os amigos e irmãos são indiferentes e rudes? Permanece ao lado deles, mesmo assim, esperando para mais tarde o júbilo de encontrar os que se afinam perfeitamente contigo. Somente desse modo renunciarás aos teus, fazendo-lhes todo o bem por dedicação ao Mestre, e, somente com semelhante renúncia, alcançarás a vida eterna.

155
Entre os cristãos

Mas entre vós não será assim.
JESUS (*Marcos*, 10:43.)

Desde as eras mais remotas, trabalham os agrupamentos religiosos pela obtenção dos favores celestes.

Nos tempos mais antigos, recordava-se da Providência tão só nas ocasiões dolorosas e graves. Os crentes ofereciam sacrifícios pela felicidade doméstica, quando a enfermidade lhes invadia a casa; as multidões edificavam templos, em surgindo calamidades públicas.

Deus era compreendido apenas através dos dias felizes.

A tempestade purificadora pertencia aos gênios perversos.

Cristo, porém, inaugurou uma nova época. A humildade foi o seu caminho, o amor e o trabalho o seu exemplo, o martírio a sua palma de vitória. Deixou a compreensão de que, entre os seus discípulos, o princípio de fé jamais será o da conquista fácil de favores do Céu, mas o de esforço ativo pela iluminação própria e pela execução dos desígnios de Deus, através das horas calmas ou tempestuosas da vida.

A maior lição do Mestre dos Mestres é a de que, ao invés de formularmos votos e sacrifícios convencionais, promessas e ações mecânicas, como a escapar dos deveres que nos competem, constitui-nos obrigação primária entregarmo-nos, humildes, aos sábios imperativos da Providência, submetendo-nos à vontade justa e misericordiosa de Deus, para que sejamos aprimorados em suas mãos.

156
Intuição

Porque a profecia jamais foi produzida por vontade de homem algum, mas os homens santos de Deus falaram inspirados pelo Espírito Santo.
(*II Pedro*, 1:21.)

Todos os homens participam dos poderes da intuição, no divino tabernáculo da consciência, e todos podem desenvolver suas possibilidades nesse sentido, no domínio da elevação espiritual. Não são fundamentalmente necessárias as grandes manifestações fenomênicas da mediunidade para que se estabeleçam movimentos de intercâmbio entre os planos visível e invisível.

Todas as noções que dignificam a vida humana vieram da Esfera Superior. E essas ideias nobilitantes não se produziram por vontade de homem algum, porque os raciocínios propriamente terrestres sempre se inclinam para a materialidade em seu arraigado egoísmo.

A Revelação Divina, significando o que a Humanidade possui de melhor, é cooperação da espiritualidade sublime, trazida às criaturas pelos colaboradores de Jesus, através da exemplificação, dos atos e das palavras dos homens retos que, a golpes de esforço próprio, quebram o círculo de vulgaridades que os rodeia, tornando-se instrumentos da renovação necessária.

A faculdade intuitiva é instituição universal. Através de seus recursos, recebe o homem terrestre as vibrações da vida mais alta, em contribuições religiosas, filosóficas, artísticas e científicas, ampliando conquistas sentimentais e culturais, colaboração essa que se verifica sempre, não pela vontade da criatura, mas pela concessão de Deus.

157
Faze isso e viverás

E disse-lhe: Respondeste bem; faze isso, e viverás.
(Lucas, 10:28.)

O caso daquele doutor da Lei que interpelou o Mestre a respeito do que lhe competia fazer para herdar a vida eterna, reveste-se de grande interesse para quantos procuram a bênção do Cristo.

A palavra de Lucas é altamente elucidativa.

Não se surpreende Jesus com a pergunta, e, conhecendo a elevada condição intelectual do consulente, indaga acerca da sua concepção da Lei e fá-lo sentir que a resposta à interrogação já se achava nele mesmo, insculpida na tábua mental de seus conhecimentos.

"Respondeste bem", diz o Mestre. E acrescenta: "faze isso, e viverás."

Semelhante afirmação destaca-se singularmente, porque o Cristo se dirigia a um homem em plena força de ação vital, declarando entretanto: "faze isso, e viverás."

É que o viver não se circunscreve ao movimento do corpo, nem à exibição de certos títulos convencionais. Estende-se a vida a esferas mais altas, a outros campos de realização superior com a espiritualidade sublime.

A mesma cena evangélica diariamente se repete em muitos setores. Grande número de aprendizes, plenamente integrados no conhecimento do dever que lhes compete, tocam a pedir orientação dos Mensageiros Divinos, quanto à melhor maneira de agir na Terra... a resposta, porém, está neles mesmos, em seus corações que temem a responsabilidade, a decisão e o serviço áspero...

Se já foste banhado pela claridade da fé viva, se foste beneficiado pelos princípios da salvação, executa o que aprendeste do nosso Divino Mestre: "Faze isso, e viverás."

158
Batismo

*E os que ouviram foram batizados
em nome do Senhor Jesus.*
(*Atos*, 19:5.)

Nos vários departamentos da atividade cristã, em todos os tempos, surgem controvérsias relativamente aos problemas do batismo na fé.

O sacerdócio criou, para isso, cerimoniais e sacramentos. Há batismos de recém-natos, na Igreja Romana; em outros centros evangélicos, há batismo de pessoas adultas. No entanto, o crente poderia analisar devidamente o assunto, extraindo melhores ilações com a ascendência da lógica. A renovação espiritual não se verificará tão só com o fato de se aplicar mais água ou menos água ou com a circunstância de processar-se a solenidade exterior nessa ou naquela idade física do candidato.

Determinadas cerimônias materiais, nesse sentido, eram compreensíveis nas épocas recuadas em que foram empregadas.

Sabemos que o curso primário, na instrução infantil, necessita de colaboração de figuras para que a memória da criança atravesse os umbrais do conhecimento.

O Evangelho, porém, nas suas luzes ocultas, faz imensa claridade sobre a questão do batismo.

"E os que ouviram foram batizados em nome de Jesus."

Aí reside a sublime verdade. A bendita renovação da alma pertence àqueles que ouviram os ensinamentos do Mestre Divino, exercitando-lhes a prática. Muitos recebem notícias do Evangelho, todos os dias, mas somente os que ouvem estarão transformados.

159
A quem segues?

Mas vós não aprendestes assim a Cristo.
Paulo (*Efésios*, 4:20.)

O homem, como é natural, encontrará diversas sugestões no caminho. Não somente do plano material receberá certos alvitres tendentes a desviá-lo das realizações mais nobres. A Esfera Invisível, imediata ao círculo de suas cogitações, igualmente pode oferecer-lhe determinadas perspectivas que se não coadunam com os deveres elevados que a existência implica em si mesma.

Na consideração desse problema, os discípulos sinceros compreendem a necessidade de sua centralização em Jesus Cristo.

Quando esse imperativo é esquecido, as maiores perturbações podem ocorrer.

O aprendiz menos centralizado nos ensinos do Mestre acredita que pode servir a dois senhores e, por vezes, chega a admitir que é possível atender a todos os desvairamentos dos sentidos, sem prejudicar a paz de sua alma. Justificam-se, para isso, em doutrinas novas, filhas das novidades científicas do século; valem-se de certos filósofos improvisados que conferem demasiado valor aos instintos; mas, chegados a esse ponto, preparem-se para os grandes fracassos, porque a necessidade de edificação espiritual permanece viva e cada vez mais imperiosa. Poderão recorrer aos conceitos dos pretensos sábios do mundo, entretanto, Jesus não ensinou assim.

160
O varão da Macedônia

E Paulo teve de noite uma visão em que se apresentou, em pé, um varão da Macedônia e lhe rogou: Passa à Macedônia e ajuda-nos!
(*Atos*, 16:9.)

Além das atividades diárias na vida de relação, participam os homens de vasto movimento espiritual, cujas fases de intercâmbio nem sempre podem ser registradas pela memória vulgar.

Não só os que demandam o sepulcro se comunicam pelo processo das vibrações psíquicas. Os espíritos encarnados fazem o mesmo, em identidade de circunstâncias, desde que se achem aptos a semelhantes realizações.

Mais tarde, a generalidade das criaturas terrestres ampliará essas possibilidades, percebendo-lhes o admirável valor.

Isso, aliás, não constitui novidade, pois, segundo vemos, Paulo de Tarso, em Trôade, recebe a visita espiritual de um varão da Macedônia, que lhe pede auxílio.

A narração apostólica é muito clara. O amigo dos gentios tem uma visão em que lhe não surge uma figura angélica ou um mensageiro divino. Trata-se de um homem da Macedônia que o ex-doutor de Tarso identifica pelo vestuário e pelas palavras.

É útil recordar semelhante ocorrência para que se consolide nos discípulos sinceros a certeza de que o Evangelho é portador de todos os ensinamentos essenciais e necessários, sem nos impor a necessidade de recorrer a nomenclaturas difíceis, distantes da simplicidade com que o Mestre nos legou a carta de redenção, na qual nos pede atenção amorosa e não teorias complicadas.

161
Aproveitemos

E destas coisas sois vós testemunhas.
(*Lucas*, 24:48.)

Jesus sempre aproveitou o mínimo para produzir o máximo.

Com três anos de apostolado acendeu luzes para milênios.

Congregando pequena assembleia de doze companheiros, renovou o mundo.

Com uma pregação na montanha inspirou milhões de almas para a vida eterna.

Converte a esmola de uma viúva em lição imperecível de solidariedade.

Corrigindo alguns espíritos perturbados, transforma o sistema judiciário da Terra, erigindo o "amai-vos uns aos outros" para a felicidade humana.

De cinco pães e dois peixes, retira o alimento para milhares de famintos.

Da ação de um Zaqueu bem-intencionado, traça programa edificante para os mordomos da fortuna material.

Da atitude de um fariseu orgulhoso, extrai a verdade que confunde os crentes menos sinceros.

Curando alguns doentes, institui a medicina espiritual para todos os centros da Terra.

Faz dum grão de mostarda maravilhoso símbolo do Reino de Deus.

De uma dracma perdida, forma ensinamento inesquecível sobre o amor espiritual.

De uma cruz grosseira, grava a maior lição de Divindade na História.

De tudo isso somos testemunhas em nossa condição de beneficiários. Em razão de nosso conhecimento, convém ouvirmos a própria consciência. Que fazemos das bagatelas de nosso caminho? Estaremos aproveitando nossas oportunidades para fazer algo de bom?

162
Esperemos

Não esmagará a cana quebrada e não apagará o morrão que fumega, até que faça triunfar o juízo.
(*Mateus*, 12:20.)

Evita as sentenças definitivas, em face dos quadros formados pelo mal.

Da lama do pântano, o Supremo Senhor aproveita a fertilidade.

Da pedra áspera, vale-se da solidez.

Da areia seca, retira utilidades valiosas.

Da substância amarga, extrai remédio salutar.

O criminoso de hoje pode ser prestimoso companheiro amanhã.

O malfeitor, em certas circunstâncias, apresenta qualidades nobres, até então ignoradas, de que a vida se aproveita para gravar poemas de amor e luz.

Deus não é autor de esmagamento.

É Pai de misericórdia.

Não destrói a cana quebrada, nem apaga o morrão que fumega.

Suas mãos reparam estragos, seu hálito divino recompõe e renova sempre.

Não desprezes, pois, as luzes vacilantes e as virtudes imprecisas. Não abandones a terra pantanosa, nem desampares o arvoredo sufocado pela erva daninha.

Trabalha pelo bem e ajuda incessantemente.

Se Deus, Senhor Absoluto da Eternidade, espera com paciência, por que motivo, nós outros, servos imperfeitos do trabalho relativo, não poderemos esperar?

163
Não crer

Mas quem não crer será condenado.
JESUS (*Marcos*, 16:16.)

Os que não creem são os que ficam. Para eles, todas as expressões da vida se reduzem a sensações finitas, destinadas à escura voragem da morte.

Os que alçam o coração para a vida mais alta estão salvos. Seus dias de trabalho são degraus de infinita escada de luz. À custa de valoroso esforço e pesada luta, distanciam-se dos semelhantes e, apesar de reconhecerem a própria imperfeição, classificam a paisagem em torno e identificam os caminhos evolutivos. Tomados de bom ânimo, sentem-se na tarefa laboriosa de ascensão à montanha do amor e da sabedoria.

No entanto, os que não creem limitam os próprios horizontes e nada enxergam senão com os olhos destinados ao sepulcro, adormecidos quanto à reflexão e ao discernimento.

Afirmou Jesus que eles se encontram condenados.

À primeira vista, semelhante declaração parece em desacordo com a magnanimidade do Mestre.

Condenados a que e por quem?

A Justiça de Deus conjuga-se à misericórdia e o inferno sem-fim é imagem dogmática.

Todavia, é imperioso reconhecer que quantos não creem na grandeza do próprio destino, sentenciam a si mesmos às mais baixas esferas da vida. Pelo hábito de apenas admitirem o visível, permanecerão beijando o pó, em razão da voluntária incapacidade de acesso aos planos superiores, enquanto os outros caminham para a certeza da vida imortal.

A crença é lâmpada amiga, cujo clarão é mantido pelo infinito sol da fé. O vento da negação e da dúvida jamais consegue apagá-la.

A descrença, contudo, só conhece a vida pelas sombras que os seus movimentos projetam e nada entende além da noite e do pântano a que se condena por deliberação própria.

164
Não perturbeis

*Portanto, o que Deus ajuntou
não o separe o homem.*
Jesus (*Mateus*, 19:6.)

A palavra divina não se refere apenas aos casos do coração. Os laços afetivos caracterizam-se por alicerces sagrados e os compromissos conjugais ou domésticos sempre atendem a superiores desígnios. O homem não ludibriará os impositivos da lei, abusando de facilidades materiais para lisonjear os sentidos. Quebrando a ordem que lhe rege os caminhos, desorganizará a própria existência. Os princípios equilibrantes da vida surgirão sempre, corrigindo e restaurando...

A advertência de Jesus, porém, apresenta para nós significação mais vasta.

"Não separeis o que Deus ajuntou" corresponde também ao "não perturbeis o que Deus harmonizou".

Ninguém alegue desconhecimento do propósito divino. O dever, por mais duro, constitui sempre a Vontade do Senhor. E a consciência, sentinela vigilante do Eterno, a menos que esteja o homem dormindo no nível do bruto, permanece apta a discernir o que constitui "obrigação" e o que representa "fuga".

O Pai criou seres e reuniu-os. Criou igualmente situações e coisas, ajustando-as para o bem comum.

Quem desarmoniza as obras divinas, prepare-se para a recomposição. Quem lesa o Pai, algema o próprio "eu" aos resultados de sua ação infeliz e, por vezes, gasta séculos, desatando grilhões...

Na atualidade terrestre, esmagadora percentagem dos homens constitui-se de milhões em serviço reparador, depois de haverem separado o que Deus ajuntou, perturbando, com o mal, o que a Providência estabelecera para o bem.

Prestigiemos as organizações do Justo Juiz que a noção do dever identifica para nós em todos os quadros do mundo. Às vezes, é possível perturbar-lhe as obras com sorrisos, mas seremos invariavelmente forçados a repará-las com suor e lágrimas.

165
Bens externos

*A vida de um homem não consiste na
abundância das coisas que possui.*
JESUS (*Lucas*, 12:15.)

"A vida de um homem não consiste na abundância das coisas que possui."

A palavra do Mestre está cheia de oportunidade para quaisquer círculos de atividade humana, em todos os tempos.

Um homem poderá reter vasta porção de dinheiro. Porém, que fará dele?

Poderá exercer extensa autoridade. Entretanto, como se comportará dentro dela?

Poderá dispor de muitas propriedades. Todavia, de que modo utiliza os patrimônios provisórios?

Terá muitos projetos elevados. Quantos edificou?

Poderá guardar inúmeros ideais de perfeição. Mas estará atendendo aos nobres princípios de que é portador?

Terá escrito milhares de páginas. Qual a substância de sua obra?

Contará muitos anos de existência no corpo. No entanto, que fez do tempo?

Poderá contar com numerosos amigos. Como se conduz perante as afeições que o cercam?

Nossa vida não consiste da riqueza numérica de coisas e graças, aquisições nominais e títulos exteriores. Nossa paz e felicidade dependem do uso que fizermos, onde nos encontramos hoje, aqui e agora, das oportunidades e dons, situações e favores, recebidos do Altíssimo.

Não procures amontoar levianamente o que deténs por empréstimo. Mobiliza, com critério, os recursos depositados em tuas mãos.

O Senhor não te identificará pelos tesouros que ajuntaste, pelas bênçãos que retiveste, pelos anos que viveste no corpo físico. Reconhecer-te-á pelo emprego dos teus dons, pelo valor de tuas realizações e pelas obras que deixaste, em torno dos próprios pés.

166
Posses definitivas

*Eu vim para que tenham vida, e
a tenham em abundância.*
JESUS (*João*, 10:10.)

Se a paz da criatura não consiste na abundância do que possui na Terra, depende da abundância de valores definitivos de que a alma é possuída.

Em razão disso, o Divino Mestre veio até nós para que sejamos portadores de vida transbordante, repleta de luz, amor e eternidade.

Em favor de nós mesmos, jamais deveríamos esquecer os dons substanciais a serem amealhados em nosso próprio espírito.

No jogo de forças exteriores jamais encontraremos a iluminação necessária.

Maravilhosa é a primavera terrena, mas o inverno virá depois dela.

A mocidade do corpo é fase de embriagantes prazeres; no entanto, a velhice não tardará.

O vaso físico mais íntegro e harmonioso experimentará, um dia, a enfermidade ou a morte.

Toda a manifestação de existência na Terra é processo de transformação permanente.

É imprescindível construir o castelo interior, de onde possamos erguer sentimentos aos campos mais altos da vida.

Encheu-nos Jesus de sua presença sublime, não para que possuamos facilidades efêmeras, mas para sermos possuídos pelas riquezas imperecíveis; não para que nos cerquemos de favores externos e, sim, para concentrarmos em nós as aquisições definitivas.

Sejamos portadores da vida imortal.

Não nos visitou o Cristo, como doador de benefícios vulgares. Veio ligar-nos a lâmpada do coração à usina do Amor de Deus, convertendo-nos em luzes inextinguíveis.

167
Na oração

Senhor, ensina-nos a orar [...]
(*Lucas*, 11:1.)

A prece, nos círculos do Cristianismo, caracteriza-se por gradação infinita em suas manifestações, porque existem crentes de todos os matizes nos vários cursos da fé.

Os seguidores inquietos reclamam a realização de propósitos inconstantes.

Os egoístas exigem a solução de caprichos inferiores.

Os ignorantes do bem chegam a rogar o mal para o próximo.

Os tristes pedem a solidão com ociosidade.

Os desesperados suplicam a morte.

Inúmeros beneficiários do Evangelho imploram isso ou aquilo, com alusão à boa marcha dos negócios que lhes interessam à vida física. Em suma, buscam a fuga. Anelam somente a distância da dificuldade, do trabalho, da luta digna.

Jesus suporta, paciente, todas as fileiras de candidatos do seu serviço, de sua iluminação, estendendo-lhes mãos benignas, tolerando-lhes as queixas descabidas e as lágrimas inaceitáveis.

Todavia, quando aceita alguém no discipulado definitivo, algo acontece no íntimo da alma contemplada pelo Senhor.

Cessam as rogativas ruidosas.

Acalmam-se os desejos tumultuários.

Converte-se a oração em trabalho edificante.

O discípulo nada reclama. E o Mestre, respondendo-lhe às orações, modifica-lhe a vontade, todos os dias, alijando-lhe do pensamento os objetivos inferiores.

O coração unido a Jesus é um servo alegre e silencioso.

Disse-lhe o Mestre: Levanta-te e segue-me. E ele ergueu-se e seguiu.

168
Na meditação

E foram sós num barco para um lugar deserto.
(*Marcos*, 6:32.)

Tuas mãos permanecem extenuadas por fazer e desfazer.

Teus olhos, naturalmente, estão cheios da angústia recolhida nas perturbações ambientes.

Doem-te os pés nas recapitulações dolorosas.

Teus sentimentos vão e vêm, através de impulsos tumultuários, influenciados por mil pessoas diversas.

Tens o coração atormentado.

É natural. Nossa mente sofre sede de paz, como a terra seca tem necessidade de água fria.

Vem a um lugar à parte, no país de ti mesmo, a fim de repousar um pouco. Esquece as fronteiras sociais, os controles domésticos, as incompreensões dos parentes, os assuntos difíceis, os problemas inquietantes, as ideias inferiores.

Retira-te dos lugares comuns a que ainda te prendes.

Concentra-te, por alguns minutos, em companhia do Cristo, no barco de teus pensamentos mais puros, sobre o mar das preocupações cotidianas...

Ele te lavará a mente eivada de aflições.

Balsamizará tuas úlceras.

Dar-te-á salutares alvitres.

Basta que te cales e sua voz falará no sublime silêncio.

Oferece-lhe um coração valoroso na fé e na realização, e seus braços divinos farão o resto.

Regressarás, então, aos círculos de luta, revigorado, forte e feliz.

Teu coração com Ele, a fim de agires, com êxito, no vale do serviço.

Ele contigo, para escalares, sem cansaço, a montanha da luz.

169
No quadro real

Dei-lhes a tua palavra, e o mundo os aborreceu, porque não são do mundo, assim como eu do mundo não sou.
Jesus (*João*, 17:14.)

Aprendizes do Evangelho, à espera de facilidades humanas, constituirão sempre assembleias do engano voluntário.

O Senhor não prometeu aos companheiros senão continuado esforço contra as sombras até a vitória final do bem.

O cristão não é flor de ornamento para igrejas isoladas. É "sal da Terra", força de preservação dos princípios divinos no santuário do mundo inteiro.

A palavra de Jesus, nesse particular, não padece qualquer dúvida:

Se alguém quiser vir após mim, renuncie a si mesmo, tome a sua cruz e siga-me.

Amai vossos inimigos.
Orai pelos que vos perseguem e caluniam.
Bendizei os que vos maldizem.
Emprestai sem nada esperardes.
Não julgueis para não serdes julgados.
Entre vós, o maior seja servo de todos.
Buscai a porta estreita.
Eis que vos envio como ovelhas ao meio dos lobos.
No mundo, tereis tribulações.

Mediante afirmativas tão claras, é impossível aguardar em Cristo um doador de vida fácil. Ninguém se aproxime d'Ele sem o desejo sincero de aprender a melhorar-se. Se Cristianismo é esperança sublime, amor celeste e fé restauradora, é também trabalho, sacrifício, aperfeiçoamento incessante.

Comprovando suas lições divinas, o Mestre Supremo viveu servindo e morreu na cruz.

170
Domínio espiritual

Não estou só, porque o Pai está comigo.
JESUS (*João*, 16:32.)

Nos transes aflitivos a criatura demonstra sempre onde se localizam as forças exteriores que lhe subjugam a alma.

Nas grandes horas de testemunho, no sofrimento ou na morte, os avarentos clamam pelas posses efêmeras, os arbitrários exigem a obediência de que se julgam credores, os supersentimentalistas reclamam o objeto de suas afeições.

Jesus, todavia, no campo supremo das últimas horas terrestres, mostra-se absoluto senhor de si mesmo, ensinando-nos a sublime identificação com os propósitos do Pai, como o mais avançado recurso de domínio próprio.

Ligado naturalmente às mais diversas forças, no dia do Calvário não se prendeu a nenhuma delas.

Atendia ao governo humano lealmente, mas Pilatos não o atemoriza.

Respeitava a lei de Moisés; entretanto, Caifás não o impressiona.

Amava enternecidamente os discípulos; contudo, as razões afetivas não lhe dominam o coração.

Cultivava com admirável devotamento o seu trabalho de instruir e socorrer, curar e consolar; no entanto, a possibilidade de permanecer não lhe seduz o espírito.

O ato de Judas não lhe arranca maldições.

A ingratidão dos beneficiados não lhe provoca desespero.

O pranto das mulheres de Jerusalém não lhe entibia o ânimo firme.

O sarcasmo da multidão não lhe quebra o silêncio.

A cruz não lhe altera a serenidade.

Suspenso no madeiro, roga desculpas para a ignorância do povo.

Sua lição de domínio espiritual é profunda e imperecível. Revela a necessidade de sermos "nós mesmos", nos transes mais escabrosos da vida, de consciência tranquila elevada à Divina Justiça e de coração fiel dirigido pela Divina Vontade.

171
Palavras de mãe

Sua mãe disse aos serventes: Fazei tudo quanto Ele vos disser.
(João, 2:5.)

O Evangelho é roteiro iluminado do qual Jesus é o centro divino. Nessa Carta da Redenção, rodeando-lhe a figura celeste, existem palavras, lembranças, dádivas e indicações muito amadas dos que lhe foram legítimos colaboradores no mundo.

Recebemos aí recordações amigas de Paulo, de João, de Pedro, de companheiros outros do Senhor, e que não poderemos esquecer.

Temos igualmente, no Documento Sagrado, reminiscências de Maria. Examinemos suas preciosas palavras em Caná, cheias de sabedoria e amor materno.

Geralmente, quando os filhos procuram a carinhosa intervenção de mãe é que se sentem órfãos de ânimo ou necessitados de alegria. Por isso mesmo, em todos os lugares do mundo, é comum observarmos filhos discutindo com os pais e chorando ante corações maternos.

Interpretada com justiça por anjo tutelar do Cristianismo, às vezes é com imensas aflições que recorremos a Maria.

Em verdade, o versículo do Apóstolo João não se refere a paisagens dolorosas. O episódio ocorre numa festa de bodas, mas podemos aproveitar-lhe a sublime expressão simbólica.

Também nós estamos na festa de noivado do Evangelho com a Terra. Apesar dos quase vinte séculos decorridos, o júbilo ainda é de noivado, porquanto não se verificou até agora a perfeita união... Nesse grande concerto da ideia renovadora, somos serventes humildes. Em muitas ocasiões, esgota-se o vinho da esperança. Sentimo-nos extenuados, desiludidos... Interpelamos ternura maternal e eis que Maria nos responde: *Fazei tudo quanto Ele vos disser.*

O conselho é sábio e profundo e foi colocado no princípio dos trabalhos de salvação.

Escutando semelhante advertência de Mãe, meditemos se realmente estaremos fazendo tudo quanto o Mestre nos disse.

172
Lágrimas

*Vinde a mim, todos os que estais cansados
e oprimidos, e eu vos aliviarei.*
JESUS (*Mateus*, 11:28.)

Ninguém como o Cristo espalhou na Terra tanta alegria e fortaleza de ânimo. Reconhecendo isso, muitos discípulos amontoam argumentos contra a lágrima e abominam as expressões de sofrimento.

O Paraíso já estaria na Terra se ninguém tivesse razões para chorar. Considerando assim, Jesus, que era o Mestre da confiança e do otimismo, chamava ao seu coração todos os que estivessem cansados e oprimidos sob a peso de desenganos terrestres.

Não amaldiçoou os tristes: convocou-os à consolação.

Muita gente acredita na lágrima sintoma de fraqueza espiritual. No entanto, Maria soluçou no Calvário; Pedro lastimou-se, depois da negação; Paulo mergulhou-se em pranto às portas de Damasco; os primeiros cristãos choraram nos circos de martírio... mas, nenhum deles derramou lágrimas sem esperança. Prantearam e seguiram o caminho do Senhor, sofreram e anunciaram a Boa-Nova da Redenção, padeceram e morreram leais na confiança suprema.

O cansaço experimentado por amor ao Cristo converte-se em fortaleza, as cadeias levadas ao seu olhar magnânimo transformam-se em laços divinos de salvação.

Caracterizam-se as lágrimas através de origens específicas. Quando nascem da dor sincera e construtiva, são filtros de redenção e vida; no entanto, se procedem do desespero, são venenos mortais.

173
Zelo do bem

*E, qual é aquele que vos fará mal,
se fordes zelosos do bem?*
(*I Pedro*, 3:13.)

Temer os que praticam o mal é demonstrar que o bem ainda não se nos radicou na alma convenientemente.

A interrogação de Pedro reveste-se de enorme sentido.

Se existe sólido propósito do bem nos teus caminhos, se és cuidadoso em sua prática, quem mobilizará tamanho poder para anular as edificações de Deus?

O problema reside, entretanto, na necessidade de entendimento. Somos ainda incapazes de examinar todos os aspectos de uma questão, todos os contornos de uma paisagem. O que hoje nos parece a felicidade real pode ser amanhã cruel desengano. Nossos desejos humanos modificam-se aos jorros purificadores da fonte evolutiva. Urge, pois, afeiçoarmo-nos à Lei Divina, refletir-lhe os princípios sagrados e submeter-nos aos Superiores Desígnios, trabalhando incessantemente para o bem, onde estivermos.

Os melindres pessoais, as falsas necessidades, os preconceitos cristalizados, operam muita vez a cegueira do espírito. Procedem daí imensos desastres para todos os que guardam a intenção de bem fazer, dando ouvidos, porém, ao personalismo inferior.

Quem cultiva a obediência ao Pai, no coração, sabe encontrar as oportunidades de construir com o seu amor.

Os que alcançam, portanto, a compreensão legítima não podem temer o mal. Nunca se perdem na secura da exigência nem nos desvios do sentimentalismo. Para essas almas, que encontraram no íntimo de si próprias o prazer de servir sem indagar, os insucessos, as provas, as enfermidades e os obstáculos são simplesmente novas decisões das Forças Divinas, relativamente à tarefa que lhes dizem respeito, destinadas a conduzi-las para a vida maior.

174
Pão de cada dia

Dá-nos cada dia o nosso pão.
JESUS (*Lucas*, 11:3.)

Já pensaste no pão de cada dia?

À força de possuí-lo, em abundância, o homem costuma desvalorizá-lo, à maneira da criatura irrefletida que somente medita na saúde, ao sobrevir a enfermidade.

Se a maioria dos filhos da Terra estivessem à altura de atender à gratidão nos seus aspectos reais, bastaria o pão cotidiano para que não faltassem às coletividades terrestres perfeitas noções da existência de Deus. Tão magnânima é a bondade celestial que, promovendo recursos para a manutenção dos homens, escapa à admiração das criaturas, a fim de que compreendam melhor a vida, integrando-se nas responsabilidades que lhes dizem respeito, nas organizações de trabalho a que foram chamadas, com a finalidade de realizarem o aprimoramento próprio.

O Altíssimo deixa aos homens a crença de que o pão terrestre é conquista deles, para que se aperfeiçoem convenientemente no dom de servir. Em verdade, no entanto, o pão de cada dia, para todas as refeições do mundo, procede da Providência Divina.

O homem cavará o solo, espalhará as sementes, defenderá o serviço e cooperará com a Natureza, mas a germinação, o crescimento, a florescência e a frutificação pertencem ao Todo-Misericordioso.

No alimento de cada dia prevalece sublime ensinamento de colaboração entre o Criador e a criatura, que raras pessoas se dispõem a observar. Esforça-se o homem e o Senhor lhe concede as utilidades.

O servo trabalha e o Altíssimo lhe abençoa o suor.

É nesse processo de íntima cooperação e natural entendimento que o Pai espera colher, um dia, os doces frutos da perfeição no espírito dos filhos.

175
Cooperação

*E ele respondeu: Como poderei entender
se alguém me não ensinar?*
(*Atos*, 8:31.)

Desde a vinda de Jesus, o movimento de educação renovadora para o bem é dos mais impressionantes no seio da Humanidade.

Em toda parte, ergueram-se templos, divulgaram-se livros portadores de princípios sagrados.

Percebe-se em toda essa atividade a atuação sutil e magnânima do Mestre que não perde ocasião de atrair as criaturas de Deus para o Infinito Amor. Desse quadro bendito de trabalho destaca-se, porém, a cooperação fraternal que o Cristo nos deixou, como norma imprescindível ao desdobramento da iluminação eterna do mundo.

Ninguém guarde a presunção de elevar-se sem o auxílio dos outros, embora não deva buscar a condição parasitária para a ascensão. Referimo-nos à solidariedade, ao amparo proveitoso, ao concurso edificante. Os que aprendem alguma coisa sempre se valem dos homens que já passaram e não seguem além, se lhes falta o interesse dos contemporâneos, ainda que esse interesse seja mínimo.

Os apóstolos necessitaram do Cristo que, por sua vez, fez questão de prender os ensinamentos, de que era o divino emissário, às antigas leis.

Paulo de Tarso precisou de Ananias para entender a própria situação.

Observemos o versículo acima, extraído dos *Atos dos apóstolos*. Filipe achava-se despreocupado, quando um anjo do Senhor o mandou para o caminho que descia de Jerusalém para Gaza. O discípulo atende e aí encontra um homem que lia a Lei sem compreendê-la. E entram ambos em santificado esforço de cooperação.

Ninguém permanece abandonado. Os mensageiros do Cristo socorrem sempre nas estradas mais desertas. É necessário, porém, que a alma aceite a sua condição de necessidade e não despreze o ato de aprender com humildade, pois não devemos esquecer, através do texto evangélico, que o mendigo de entendimento era o mordomo-mor da rainha dos etíopes, superintendente de todos os seus tesouros. Além disso, ele ia de carro e Filipe, a pé.

176
Lição viva

Duro é este discurso; quem o pode ouvir?
(João, 6:60.)

O Cristianismo é a suprema religião da verdade e do amor, convocando corações para a vida mais alta.

Em vista de religião traduzir religamento, é primordial voltarmo-nos para Deus, tornarmos ao campo da Divindade.

Jesus apresentou a sua plataforma de princípios imortais. Rasgou os caminhos. Não enganou a ninguém, relativamente às dificuldades e obstáculos.

É necessário, esclareceu o Senhor, negarmos a vaidade própria, arrependermo-nos de nossos erros e convertermo-nos ao bem.

O evangelista assinalou a observação de muitos dos discípulos: "Duro é este discurso; quem o pode ouvir?"

Sim, efetivamente é indispensável romper com as alianças da queda e assinar o pacto da redenção. É imprescindível seguir nos caminhos d'Aquele que é a luz de nossa vida.

Para isso, as palavras brilhantes e os artifícios intelectuais não bastam. O problema é de "quem pode ouvir" a Divina Mensagem, compreendendo-a com o Cristo e seguindo-lhe os passos.

177
Opiniões convencionais

A multidão respondeu: Tens demônio;
quem procura matar-te?
(João, 7:20.)

Não te prendas excessivamente aos juízos da multidão. O convencionalismo e o hábito possuem sobre ela forças vigorosas.

Se toleras ofensas com amor, chama-te covarde.

Se perdoas com desinteresse, considera-te tolo.

Se sofres com paciência, nega-te valor.

Se espalhas o bem com abnegação, acusa-te de louco.

Se adquires característicos do amor sublime e santificante, julga-te doente.

Se desestimas os gozos vulgares, classifica-te de anormal.

Se te mostras piedoso, assevera que te envelheceste e cansaste antes do tempo.

Se adotas a simplicidade por norma, ironiza-te às ocultas.

Se respeitas a ordem e a hierarquia, qualifica-te de bajulador.

Se reverencias a Lei, aponta-te como medroso.

Se és prudente e digno, chama-te fanático e perturbado.

No entanto, essa mesma multidão, pela voz de seus maiorais, ensina o amor aos semelhantes, o culto da legalidade e a religião do dever. Em seus círculos, porém, o excesso de palavras não permite, por enquanto, o reinado da compreensão.

É indispensável suportar-lhe a inconsciência para atendermos com proveito às nossas obrigações perante Deus.

Não te irrites, nem desanimes.

O próprio Jesus foi alvo, sem razão de ser, dos sarcasmos da opinião pública.

178
A porta divina

*Eu sou a porta; se alguém entrar
por mim, salvar-se-á.*
JESUS (*João*, 10:9.)

Nos caminhos da vida, cada companheiro portador de expressão intelectual um pouco mais alta converte-se naturalmente em voz imperiosa para os nossos ouvidos. E cada pessoa que segue à frente de nós abre portas ao nosso espírito.

Os inconformados abrem estradas à rebelião e à indisciplina.

Os velhacos oferecem passagem para o cativeiro em que exerçam dominação.

Os escritores de futilidades fornecem passaporte para a província do tempo perdido.

Os maledicentes encaminham quem os ouve a fontes envenenadas.

Os viciosos quebram as barreiras benéficas do respeito fraternal, desvendando despenhadeiros onde o perigo é incessante.

Os preguiçosos conduzem à guerra contra o trabalho construtivo.

Os perversos escancaram os precipícios do crime.

Ainda que não percebas, várias pessoas te abrem portas, cada dia, através da palavra falada ou escrita, da ação ou do exemplo.

Examina onde entras com o sagrado depósito da confiança. Muita vez, perderás longo tempo para retomar o caminho que te é próprio.

Não nos esqueçamos de que Jesus é a única porta de verdadeira libertação.

Através de muitas estações no campo da Humanidade, é provável recebamos proveitosas experiências, amealhando-as à custa de desenganos terríveis, mas só em Cristo, no clima sagrado de aplicação dos seus princípios, é possível encontrar a passagem abençoada de definitiva salvação.

179
O novo mandamento

Um novo mandamento vos dou: que vos ameis uns aos outros, como eu vos amei.
JESUS (*João*, 13:34.)

A leitura despercebida do texto induziria o leitor a sentir nessas palavras do Mestre absoluta identidade com o seu ensinamento relativo à regra áurea.

Entretanto, é preciso salientar a diferença.

O "ama a teu próximo como a ti mesmo" é diverso do "que vos ameis uns aos outros como eu vos amei".

O primeiro institui um dever, em cuja execução não é razoável que o homem cogite da compreensão alheia. O aprendiz amará o próximo como a si mesmo.

Jesus, porém, engrandeceu a fórmula, criando o novo mandamento na comunidade cristã. O Mestre refere-se a isso na derradeira reunião com os amigos queridos, na intimidade dos corações.

A recomendação "que vos ameis uns aos outros como eu vos amei" assegura o regime da verdadeira solidariedade entre os discípulos, garante a confiança fraternal e a certeza do entendimento recíproco.

Em todas as relações comuns, o cristão amará o próximo como a si mesmo, reconhecendo, contudo, que no lar de sua fé conta com irmãos que se amparam efetivamente uns aos outros.

Esse é o novo mandamento que estabeleceu a intimidade legítima entre os que se entregaram ao Cristo, significando que, em seus ambientes de trabalho, há quem se sacrifique e quem compreenda o sacrifício, quem ame e se sinta amado, quem faz o bem e quem saiba agradecer.

Em qualquer círculo do Evangelho, onde essa característica não assinala as manifestações dos companheiros entre si, os argumentos da Boa-Nova podem haver atingido os cérebros indagadores, mas ainda não penetraram o santuário dos corações.

180
Façamos nossa luz

Assim resplandeça a vossa luz diante dos homens.
JESUS *(Mateus, 5:16.)*

Ante a glória dos mundos evolvidos, das esferas sublimes que povoam o Universo, o estreito campo em que nos agitamos, na Crosta Planetária, é limitado círculo de ação.

Se o problema, no entanto, fosse apenas o de espaço, nada teríamos a lamentar.

A casa pequena e humilde, iluminada de Sol e alegria, é paraíso de felicidade.

A angústia de nosso plano procede da sombra.

A escuridão invade os caminhos em todas as direções. Trevas que nascem da ignorância, da maldade, da insensatez, envolvendo povos, instituições e pessoas. Nevoeiros que assaltam consciências, raciocínios e sentimentos.

Em meio da grande noite, é necessário acendamos nossa luz. Sem isso é impossível encontrar o caminho da libertação. Sem a irradiação brilhante de nosso próprio ser, não poderemos ser vistos com facilidade pelos Mensageiros Divinos, que ajudam em nome do Altíssimo, e nem auxiliaremos efetivamente a quem quer que seja.

É indispensável organizar o santuário interior e iluminá-lo, a fim de que as trevas não nos dominem.

É possível marchar, valendo-nos de luzes alheias. Todavia, sem claridade que nos seja própria, padeceremos constante ameaça de queda. Os proprietários das lâmpadas acesas podem afastar-se de nós, convocados pelos montes de elevação que ainda não merecemos.

Vale-te, pois, dos luzeiros do caminho, aplica o pavio da boa vontade ao óleo do serviço e da humildade e acende o teu archote para a jornada. Agradece ao que te ilumina por uma hora, por alguns dias ou por muitos anos, mas não olvides tua candeia, se não desejas resvalar nos precipícios da estrada longa!...

O problema fundamental da redenção, meu amigo, não se resume a palavras faladas ou escritas. É muito fácil pronunciar belos discursos e prestar excelentes informações, guardando, embora, a cegueira nos próprios olhos.

Nossa necessidade básica é de luz própria, de esclarecimento íntimo, de autoeducação, de conversão substancial do "eu" ao Reino de Deus.

Podes falar maravilhosamente acerca da vida, argumentar com brilho sobre a fé, ensinar os valores da crença, comer o pão da consolação, exaltar a paz, recolher as flores do bem, aproveitar os frutos da generosidade alheia, conquistar a coroa efêmera do louvor fácil, amontoar títulos diversos que te exornem a personalidade em trânsito pelos vales do mundo...

Tudo isso, em verdade, pode fazer o espírito que se demora, indefinidamente, em certos ângulos da estrada.

Todavia, avançar sem luz é impossível.

Índice das obras por capítulos e versículos[6]

Cap. Ver.	Cap. Obra	Cap. Ver.	Cap. Obra	Cap. Ver.	Cap. Obra
MATEUS		5:46	96 FV	8:22	143 FV
1:21	174 VL	5:47	60 VL	9:11	137 CVV
4:4	18 FV	6:6	172 PVE	9:16	1 PVE
4:25	144 FV	6:9	77 FV	9:35	51 PN
5:1	104 FV	6:9	164 FV	9:37	148 PN
5:2	17 VL	6:13	57 VL	10:14	71 PN
5:7	69 PVE	6:14	135 FV	10:25	103 CVV
5:9	70 PVE	6:20	177 FV	10:34	104 CVV
5:9	79 PVE	6:20	156 PN	11:15	72 PVE
5:14	76 CVV	6:22	71 PVE	11:28	172 CVV
5:14	105 FV	6:25	8 PVE	11:28	5 FV
5:15	81 FV	6:31	86 VL	11:29	130 PN
5:16	180 CVV	6:33	18 VL	12:20	162 CVV
5:16	13 PVE	6:34	152 VL	13:3	64 FV
5:16	159 VL	7:2	76 PVE	13:8	51 PVE
5:20	112 PVE	7:2	179 PVE	13:30	107 VL
5:20	161 VL	7:3	113 FV	13:38	68 VL
5:25	120 PN	7:3	35 FV	14:19	91 VL
5:25	111 PVE	7:6	93 VL	14:23	6 CVV
5:25	178 PVE	7:9	166 PVE	15:18	97 VL
5:37	80 PN	7:12	66 PVE	17:9	128 CVV
5:39	62 VL	7:16	7 FV	18:8	108 CVV
5:39	63 VL	7:20	122 CVV	18:10	157 FV
5:44	16 PVE	7:24	9 PN	18:33	20 CVV
5:44	41 VL	8:3	37 PVE	19:6	164 CVV
		8:3	147 PVE	19:22	149 CVV

---

[6] N.E.: Abreviaturas utilizadas: CVV: Caminho, verdade e vida; PN: Pão nosso; VL: Vinha de luz; FV: Fonte viva; PVE: Palavras de vida eterna.

Caminho, verdade e vida

Cap. Ver.	Cap. Obra	Cap. Ver.	Cap. Obra	Cap. Ver.	Cap. Obra
19:26	33 PVE	3:5	174 FV	11:25	45 PN
19:27	22 FV	3:23	146 CVV	12:17	102 PN
19:29	154 CVV	4:15	25 PN	12:27	42 PN
20:4	29 PN	4:17	180 VL	12:29	105 PN
20:22	65 CVV	4:19	40 VL	12:38	28 CVV
20:28	4 PN	4:28	102 CVV	13:11	65 PVE
22:39	41 CVV	4:32	35 CVV	13:33	87 VL
24:13	36 PN	4:33	143 PN	14:38	3 PVE
24:16	140 CVV	5:9	143 CVV	15:17	96 CVV
24:20	113 VL	5:9	167 PVE	15:21	103 PN
24:28	32 PN	5:19	168 PVE	15:30	94 CVV
24:42	132 VL	5:19	111 VL	15:30	25 PVE
25:15	7 PVE	5:23	153 CVV	15:32	131 PN
25:25	132 FV	6:31	147 FV	16:7	67 VL
25:40	137 FV	6:31	34 PN	16:16	163 CVV
26:22	12 PVE	6:31	152 PVE	16:17	174 PN
26:23	104 VL	6:32	168 CVV		Lucas
26:27	19 PVE	6:37	131 FV	1:79	85 VL
26:40	88 CVV	6:37	11 PVE	2:14	180 FV
26:41	110 FV	6:56	70 CVV	2:49	27 CVV
26:50	90 CVV	7:7	37 CVV	3:13	19 VL
26:56	94 VL	8:2	6 VL	3:14	5 PN
26:58	89 CVV	8:3	124 PN	3:17	90 PN
27:4	91 PN	8:5	133 FV	4:21	141 CVV
27:8	91 CVV	8:5	9 PVE	5:4	21 PN
27:22	100 VL	8:11	145 VL	5:31	28 FV
27:23	70 FV	8:34	74 PVE	6:19	110 PN
27:42	46 FV	8:36	58 CVV	6:22	89 PN
28:19-20	116 FV	8:36	6 PVE	6:26	80 CVV
28:20	83 PVE	8:36	73 PVE	6:30	106 CVV
28:20	149 PVE	9:24	123 PN	6:35	137 PN
	Marcos	9:35	56 VL	6:38	72 PN
1:20	153 FV	10:43	155 CVV	6:44	121 CVV
1:24	144 CVV	10:45	82 FV	6:46	47 CVV
1:38	38 CVV	10:50	98 CVV	7:22	144 PVE
2:27	30 PN	10:51	89 FV	8:13	124 CVV
2:4	118 CVV	11:12	162 PVE	8:17-18	52 PVE

Francisco Cândido Xavier / Emmanuel

Cap. Ver.	Cap. Obra	Cap. Ver.	Cap. Obra	Cap. Ver.	Cap. Obra
8:25	40 CVV	13:24	20 VL	22:32	45 VL
8:28	19 PN	13:26	34 CVV	22:42	151 PVE
8:48	113 PN	13:33	20 PN	22:46	87 CVV
9:20	161 PN	14:10	39 PN	23:26	140 FV
9:23	15 PVE	14:10	43 PN	23:31	82 CVV
9:26	51 VL	14:18	128 PVE	23:34	38 FV
9:28	105 CVV	14:21	127 PVE	23:34	61 PVE
9:30	67 CVV	14:27	58 FV	23:43	81 PN
9:35	32 CVV	14:27	18 PVE	24:11	9 VL
9:44	70 VL	14:35	121 PN	24:16	95 CVV
9:53	175 FV	15:17	88 FV	24:35	129 PN
9:62	3 PN	15:17	24 PN	24:48	161 CVV
10:3	144 VL	15:18	13 FV	\multicolumn{2}{c}{João}	
10:5	108 PVE	15:20	97 PVE	1:5	106 FV
10:6	65 VL	15:29	157 PN	1:23	16 CVV
10:9	44 PN	15:29	98 PVE	1:38	22 CVV
10:20	145 CVV	16:2	75 FV	2:5	171 CVV
10:28	157 CVV	16:9	111 PN	2:25	109 FV
10:29	126 FV	16:9	112 PN	3:3	56 FV
10:41	3 VL	16:13	142 CVV	3:7	110 CVV
10:42	32 FV	16:29	116 PN	3:7	177 PVE
11:1	167 CVV	17:20	107 CVV	3:10	111 CVV
11:3	174 PN	17:21	177 VL	3:12	136 CVV
11:9	109 PN	17:23	19 CVV	3:16	60 PVE
11:10	109 CVV	17:31	134 VL	3:30	76 VL
11:11	166 VL	18:1	61 FV	3:34	2 PVE
11:13	63 PN	18:41	44 CVV	4:34	42 VL
11:28	70 PN	18:43	34 VL	4:35	10 VL
11:35	33 VL	19:13	2 VL	5:17	4 CVV
11:41	60 FV	19:42	38 PN	5:29	127 PN
12:15	165 CVV	19:48	47 VL	5:30	101 CVV
12:15	52 VL	21:13	71 CVV	5:40	36 FV
12:20	56 CVV	21:19	171 PVE	6:10	25 CVV
12:20	35 VL	21:34	23 VL	6:12	171 PN
12:21	120 FV	22:12	144 PN	6:30	92 FV
12:26	31 CVV	22:27	59 VL	6:32	173 VL
12:34	64 CVV	22:32	15 CVV	6:48	134 PVE

Caminho, verdade e vida

Cap. Ver.	Cap. Obra	Cap. Ver.	Cap. Obra	Cap. Ver.	Cap. Obra
6:60	176 CVV	12:43	33 CVV	16:33	155 VL
6:63	118 PVE	13:8	5 CVV	17:14	169 CVV
6:68	59 FV	13:17	49 CVV	17:15	30 CVV
6:68	151 PN	13:34	179 CVV	17:15	162 FV
6:70	164 PN	13:35	15 FV	17:17	139 VL
7:6	73 CVV	13:35	63 FV	17:18	180 PN
7:20	177 CVV	14:1	36 PVE	18:11	114 FV
8:4	85 PN	14:2	44 FV	18:34	85 CVV
8:5	43 CVV	14:6	175 VL	18:36	133 PN
8:11	50 PN	14:6	176 VL	19:5	127 FV
8:12	166 FV	14:10	117 PVE	20:1	168 PN
8:12	146 VL	14:15	175 PVE	20:16	92 CVV
8:32	173 FV	14:27	46 PVE	20:19	9 CVV
8:32	130 PVE	14:27	56 PVE	20:19	47 PVE
8:35	125 CVV	14:27	57 PVE	20:20	179 FV
8:38	12 CVV	14:22	134 CVV	20:21	53 CVV
8:43	48 FV	14:27	105 VL	20:21	165 VL
8:45	78 CVV	14:31	84 CVV	20:22	11 VL
8:58	133 CVV	15:4	103 PVE	20:24	100 FV
9:4	127 CVV	15:5	55 CVV	21:6	21 CVV
9:25	95 FV	15:5	146 FV	21:17	97 CVV
9:27	37 PN	15:7	59 PN	21:17	19 FV
10:7	172 FV	15:7	64 PVE	21:22	2 CVV
10:7	115 PN	15:8	45 FV	21:22	89 PVE
10:9	178 CVV	15:8	17 PVE		Atos
10:10	166 CVV	15:13	86 CVV	1:8	173 PN
10:10	104 PVE	15:14	135 PVE	2:13	103 VL
10:25	2 PN	15:14	174 PVE	2:17	10 CVV
11:9	153 PN	16:1	101 VL	2:21	129 VL
11:23	151 VL	16:3	128 PN	2:42	39 VL
11:44	112 CVV	16:4	114 VL	2:47	29 PVE
11:44	75 PVE	16:7	125 PN	3:6	106 PN
12:10	61 VL	16:20	93 CVV	3:19	13 PN
12:11	113 CVV	16:24	66 CVV	4:31	149 FV
12:26	11 CVV	16:27	150 PN	4:31	98 VL
12:35	6 PN	16:32	170 CVV	4:33	176 PN
12:40	139 CVV	16:33	136 PVE	5:15	172 PN

Francisco Cândido Xavier / Emmanuel

Cap. Ver.	Cap. Obra	Cap. Ver.	Cap. Obra	Cap. Ver.	Cap. Obra
5:16	175 PN	5:3	142 VL	16:20	27 PN
8:31	175 CVV	6:23	122 VL	**I Coríntios**	
9:5	150 CVV	7:10	16 FV	1:17	138 PN
9:6	39 CVV	7:21	136 PN	1:18	97 FV
9:10	17 FV	8:9	170 FV	1:19	164 VL
9:16	125 VL	8:9	160 PVE	1:23	7 VL
9:18	149 VL	8:9	168 VL	2:12	106 VL
9:41	33 FV	8:13	78 PN	2:16	176 PVE
10:15	23 FV	8:13	82 PN	3:2	121 VL
10:29	54 PN	8:17	120 VL	3:6	138 CVV
11:24	12 VL	8:31	154 PN	3:9	68 FV
12:10	100 CVV	10:11	13 VL	3:9	48 VL
14:10	79 CVV	11:23	78 FV	3:13	18 PN
14:15	33 PN	12:2	107 FV	3:16	30 FV
14:22	159 PN	12:2	167 PN	4:2	115 FV
15:29	126 CVV	12:2	31 PVE	4:2	124 PVE
16:9	160 CVV	12:2	131 PVE	4:9	57 FV
16:31	88 VL	12:2	158 PVE	4:19	72 VL
17:32	114 PN	12:15	92 PVE	4:21	152 PN
19:2	14 FV	12:16	118 FV	5:6	76 FV
19:2	87 FV	12:20	166 PN	5:6	108 FV
19:5	158 CVV	12:21	35 FV	5:7	64 VL
19:11	74 CVV	12:21	10 PVE	6:7	142 PN
19:15	63 CVV	12:21	30 PVE	6:13	172 VL
20:35	117 FV	13:7	150 VL	8:1	152 CVV
21:13	119 PN	14:6	1 CVV	8:2	44 VL
22:10	112 FV	14:7	154 FV	9:22	72 FV
22:16	147 CVV	14:10	40 PVE	9:26	26 PVE
26:24	49 PN	14:12	50 CVV	9:27	158 PN
Romanos		14:12	102 PVE	10:7	52 PN
1:17	23 CVV	14:12	170 PVE	10:23	28 PN
1:20	55 PN	14:14	94 PN	11:19	36 CVV
2:6	101 PVE	14:15	83 PN	12:4	4 FV
2:10	42 CVV	14:19	24 VL	12:4	42 PVE
3:13	51 FV	14:22	14 CVV	12:6	96 VL
3:16	27 FV	15:1	46 PN	12:7	162 PN
5:3	119 VL	15:4	75 VL	12:27	157 PVE

Caminho, verdade e vida

Cap. Ver.	Cap. Obra	Cap. Ver.	Cap. Obra	Cap. Ver.	Cap. Obra
12:27	148 VL	4:18	168 FV	6:7	110 PVE
12:31	54 FV	5:10	Pref. PN	6:8	53 VL
13:4	93 PVE	5:14	74 FV	6:9	124 FV
13:4	94 PVE	5:17	7 CVV	6:9	82 VL
13:4	163 VL	5:17	125 PVE	6:10	129 PVE
13:7	32 PVE	5:20	115 CVV	6:10	145 PVE
13:8	162 VL	6:4	132 PN	6:10	169 PVE
14:7	84 FV	6:2	150 PVE	**Efésios**	
14:8	124 VL	6:2	153 PVE	4:1	126 VL
14:10	138 PVE	6:16	138 VL	4:3	49 FV
14:26	1 PN	7:2	126 PVE	4:7	25 FV
15:2	149 PN	7:2	147 VL	4:15	146 PN
15:13	68 CVV	7:9	153 VL	4:20	159 CVV
15:19	123 CVV	7:10	130 CVV	4:23	67 FV
15:33	74 FV	8:1	180 PVE	4:23	90 PVE
15:37	7 PN	9:7	58 PN	4:28	142 FV
15:44	171 VL	10:7	65 FV	4:28	163 PVE
15:51	158 VL	12:7	126 PN	4:29	45 CVV
15:58	69 FV	12:15	53 FV	4:29	164 PVE
15:58	44 PVE	13:5	99 VL	4:31	59 PVE
15:58	115 PVE	13:7	78 PVE	4:32	14 PVE
16:13	90 FV	13:10	32 VL	4:32	38 VL
16:14	31 PN	13:11	123 FV	5:8	143 PVE
II Coríntios		**Gálatas**		5:8	160 VL
1:12	119 CVV	1:10	47 PN	5:11	67 PN
1:12	155 PVE	2:8	35 PN	5:14	66 FV
2:1	156 PVE	3:3	155 PN	5:14	68 PN
3:3	114 CVV	4:26	55 VL	5:20	91 PVE
3:16	26 VL	5:1	24 PVE	5:20	113 PVE
4:5	55 FV	5:1	27 PVE	5:28	93 PN
4:7	21 PVE	5:13	28 PVE	5:33	137 VL
4:7	43 PVE	5:13	133 PVE	6:1	136 VL
4:7	88 PVE	5:13	128 VL	6:4	135 VL
4:8	102 VL	5:25	13 CVV	6:6	4 VL
4:16	62 FV	6:1	37 FV	6:7	29 FV
4:16	141 FV	6:4	82 PVE	6:10	111 FV
4:16	169 FV	6:7	160 FV	6:12	160 PN

Francisco Cândido Xavier / Emmanuel

Cap. Ver.	Cap. Obra	Cap. Ver.	Cap. Obra	Cap. Ver.	Cap. Obra
6:13	115 VL	3:2	177 PN	2:8	84 PN
6:16	141 VL	3:8	147 PN	3:9	131 VL
6:17	140 VL	3:12	89 VL	4:14	127 VL
6:20	53 PN	3:13	163 FV	4:15	159 PVE
Filipenses		3:14	5 VL	4:15	14 VL
1:9	91 FV	3:15	163 PN	4:16	148 CVV
1:9	116 VL	3:16	125 FV	5:4	117 PN
1:29	104 PN	3:17	22 PVE	5:8	156 FV
1:30	178 PN	3:17	108 VL	5:8	107 PVE
2:3	3 CVV	3:23	57 PN	6:6	107 PN
2:5	2 FV	4:2	108 PN	6:7	47 FV
2:7	8 CVV	4:6	77 PN	6:7	119 PVE
2:8	62 PN	4:16	143 VL	6:8	9 FV
2:14	75 PN	4:18	140 PN	6:10	57 CVV
2:21	101 FV	**I Tessalonicenses**		6:10	48 PVE
3:2	145 FV	4:4	156 VL	6:19	63 PVE
3:2	74 VL	4:9	138 FV	**II Timóteo**	
3:11	40 FV	4:9	10 PN	1:6	30 VL
3:13	50 FV	4:11	136 FV	1:7	84 PVE
3:13	34 PVE	4:11	37 VL	1:7	31 VL
3:14	81 PVE	5:8	98 FV	1:13	97 PN
3:14	50 VL	5:9	139 FV	1:17	95 VL
4:4	61 PN	5:13	65 PN	2:2	87 PN
4:6	86 PVE	5:13	45 PVE	2:6	31 FV
4:6	146 PVE	5:16	50 PVE	2:7	1 FV
4:8	15 PN	5:18	155 FV	2:15	145 PN
4:8	20 PVE	5:19	135 PN	2:15	132 PVE
4:11	29 CVV	5:21	53 PVE	2:16	73 VL
4:11	85 PVE	5:21	154 VL	2:21	78 FV
4:12	56 PN	5:25	17 PN	2:22	151 CVV
4:13	79 PN	**II Tessalonicenses**		2:24	98 PN
4:19	73 FV	3:2	23 PN	3:12	77 VL
4:20	11 FV	3:13	11 PN	3:16	121 FV
4:22	75 CVV	**I Timóteo**		4:7	148 PVE
Colossenses		1:7	15 VL	4:21	66 VL
2:6	73 PN	1:15	38 PVE	**Tito**	
2:8	58 PVE	2:2	39 PVE	1:15	34 FV

Caminho, verdade e vida

Cap. Ver.	Cap. Obra	Cap. Ver.	Cap. Obra	Cap. Ver.	Cap. Obra
1:16	116 CVV	12:1	12 FV	2:17	106 PVE
2:1	62 PVE	12:1	85 FV	2:19	20 FV
2:1	16 VL	12:1	76 PN	2:19	137 PVE
2:8	43 FV	12:4	79 VL	3:6	170 PN
3:3	179 PN	12:6	22 VL	3:10	173 PVE
3:14	25 VL	12:7	88 PN	3:10	179 VL
FILEMOM		12:11	6 FV	3:14	36 VL
1:14	120 PVE	12:12	52 FV	3:17	14 PN
1:14	165 PVE	12:12	99 FV	3:17	87 PVE
1:18	17 CVV	12:13	86 PN	4:8	18 CVV
HEBREUS		12:15	123 VL	4:11	151 FV
1:2	148 FV	12:28	178 FV	4:12	46 CVV
1:11	72 CVV	13:1	141 PN	4:13	119 FV
3:4	71 VL	13:2	141 PVE	4:14	170 VL
3:13	69 PN	13:5	41 FV	4:15	105 PVE
3:15	169 VL	13:5	142 PVE	4:17	99 PVE
5:9	16 PN	13:9	134 PN	5:3	24 CVV
5:13	51 CVV	13:10	93 FV	5:5	80 FV
6:1	83 FV	13:14	28 VL	5:9	96 PVE
6:7	117 CVV	**TIAGO**		5:9	100 PVE
6:9	59 CVV	1:4	55 PVE	5:9	118 VL
6:15	103 FV	1:4	67 PVE	5:15	86 FV
6:15	68 PVE	1:4	77 PVE	5:16	102 FV
7:7	21 FV	1:6	165 FV	5:16	157 VL
7:27	139 PN	1:6	22 PN	5:20	178 VL
8:10	40 PN	1:8	29 VL	**I PEDRO**	
8:11	41 PN	1:12	101 PN	1:9	92 VL
10:6	21 VL	1:14	129 CVV	1:22	90 VL
10:8	48 PN	1:17	52 CVV	2:5	133 VL
10:16	81 VL	1:19	77 CVV	2:13	81 CVV
10:24	176 FV	1:22	165 PN	2:15	60 CVV
10:24	116 PVE	1:22	95 PVE	2:21	171 FV
10:32	60 PN	1:25	8 FV	2:21	117 VL
10:35	128 FV	1:27	139 PVE	3:8	114 PVE
10:36	129 FV	2:14	140 PVE	3:9	118 PN
11:8	3 FV	2:17	39 FV	3:10	80 PVE
11:25	42 FV	2:17	5 PVE	3:10	109 PVE

Francisco Cândido Xavier / Emmanuel

Cap. Ver.	Cap. Obra	Cap. Ver.	Cap. Obra	Cap. Ver.	Cap. Obra
3:11	79 FV	1:21	156 CVV	4:20	71 FV
3:11	27 VL	2:11	131 CVV	4:21	23 PVE
3:13	173 CVV	2:14	169 PN	4:21	167 VL
3:17	64 PN	2:19	99 CVV	**II João**	
4:8	122 FV	2:19	132 CVV	1:6	110 VL
4:8	99 PN	3:17	43 VL	1:8	120 CVV
4:10	61 CVV	3:18	46 VL	1:10	83 VL
4:10	130 FV	**I João**		**III João**	
4:13	83 CVV	1:7	41 PVE	1:11	122 PN
4:16	80 VL	2:6	134 FV	**Judas**	
5:2	26 PN	2:6	167 FV	1:3	49 VL
5:3	69 VL	2:10	159 FV	1:10	48 CVV
5:7	8 PN	2:11	158 FV	**Apocalipse**	
II Pedro		2:21	96 PN	2:10	26 CVV
1:1	154 PVE	3:11	95 PN	2:21	92 PN
1:1	112 VL	3:18	130 VL	3:18	135 CVV
1:5	122 PVE	4:1	69 CVV	22:17	152 FV
1:6	121 PVE	4:6	84 VL	22:20	10 FV
1:14	12 PN	4:6	109 VL		
1:20	Pref. CVV	4:18	4 PVE		

Índice geral[7]

A
Abraão
  Jesus – 133
Aflições *ver* Sofrimento
Agrupamento religioso
  desconfiança – 109
Aguilhão
  Jesus – 150
  resignação – 150
  tipo – 150
Além-Túmulo
  comunicação – 53
  intercâmbio – 105
Alma
  aperfeiçoamento – 68
  forças exteriores – 170
  Jesus – 58
  Juízo final – 68
  nutrição – 28
  voo – 132
  paz – 159
  existência – 111
  punição – 68
  sono – 87
  teólogo – 568
  vitória – 56

Altar
  Jesus – introd.
Amigo
  leal – 26
  contenda – 26
  Jesus – 86
  porta estreita – 86
Amor
  Antiguidade – 41
  Cristianismo – 176
  dracma perdida – 161
  esclarecimento – 152
  espiritual – 161
  fraternal – 45
  Jesus – 41, 179
  material – 24
Ananias
  Paulo de Tarso – 147
Apolo
  Paulo de Tarso – 138
Aprendiz
  Cristo – 114
  Evangelho – 47
  fé – 47
  notoriedade – 70
  preguiça – 47

---
[7] N.E.: Remete ao número do capítulo.

remédio – 145
vaidade – 47
Árvore da vida
    galho seco – 82
Ascendente espiritual
    agrupamento religioso – 141
Atos dos Apóstolos
    batismo – 158
    Jesus – 63
    mediunidade – 10
    parentela – 62
    Paulo de Tarso – 63; 160
Autoanálise
    esforço – 122

B
Banquete
    Jesus – 137
    publicano – 137
Bartimeu *ver* Cego de Jericó
Batismo
    Atos dos Apóstolos – 158
    controvérsia – 158
    Evangelho – 158
    renovação espiritual – 158
    tipo – 158
Belzebu
    Jesus – 147
Bem
    egoísmo – 42
    falsa apreciação – 42
    liberdade – 35
    Paulo, apóstolo – 42
    Pedro, apóstolo – 60

perseverança – 143
semeadura – 35
valor divino e eterno – 109
zelo – 173
Bênção de Deus
    Egoísmo – 117
    vaidade – 117
    Paulo de Tarso – 117
Bem exterior
    eternidade – 59
Bem material
    homens – 149
Blasfêmia
    observação – 131
Boa-Nova
    anúncio – 10
    discípulo – 127
    ordenação humana – 81
    romano – 96
Boa-Nova *ver também*
Evangelho
Boas obras
    confraternização
    evangélica – 8
Bodas
    expressão simbólica de – 171
Bom Pastor *ver* Jesus
Buena-dicha
    invenção – 78
C
Caifás
    Mestre – 80

Calma
  convite – 25
  João, apóstolo – 25
Caminho evolutivo
  compreensão – 44
Campo de sangue
  Mateus – 91
  significado – 91
Cárcere
  anjo do Senhor – 100
  Pedro, apóstolo – 100
Caridade
  serviço divino – 60
Carne *ver* Corpo físico
Cartas do Cristo
  aprendizes – 114
  Paulo, apóstolo – 114
Cego de Jericó – 44
  cura – 98
  Jesus – 44
  Lucas, apóstolo – 44
Centro religioso
  morte – 30
Cerimônia exterior
  culto religioso – 23
Ciência
  bem, mal – 152
  ódio – 152
Compreensão
  caminho evolutivo – 44
Compromisso
  exame – 53

Comunicabilidade
  examinando – 53
Concepção doentia
  intelectual – 28
Confiança
  fé – 40
  felicidade – 171
  paz – 171
  vida superior – 171
Conforto espiritual
  Sol – 11
Conhecimento superior
  dosagem – 105
Consangüinidade
  inimigo – 62
Consciência
  aprovação – 80
  fuga – 164
  glória no testemunho – 119
  indagação – 123
  interrogação – 66
  obrigação – 64
  santuário divino – 80
Consolador Prometido
  Doutrina dos Espíritos – 11
Convenção
  respeito – 57
Conversação
  identificação – 45
Cooperação
  importância – 20
Corpo físico
  alimentação – 28

característica – 13
composição – 13
dias rápidos – 88
Espírito – 13, 120
exigências – 13
figuração – 13
homem – 122
purificação – 107
zelo – 120
Corpo fluídico
Espírito – 13
Crença religiosa
ausência – 163
condenação – 163
mudança – 19
salvação – 163
simbologia – 163
vida imortal – 163
Crente
capricho ferido – 64
casa de oração – 65
desinteresse – 64
interesse – 65
mentalidade infantil – 64
promessa do Mestre – 109
renúncia – 64
Criação Universal
patrimônio comum – 1
Cristão
apóstolo – 75
dever – 155
exemplo – 122
glória – 119

morte – 108
sal da Terra – 169
situação – 142
tranqüilidade – 81
Cristianismo
característica – 169
defensor – 37
Espiritismo – 10, 116
fé – 76
lição – 37
mediunidade – 10
prece – 167
verdade – 167
amor – 176
Cristo
amigo – 71
aproximação – 118
chamado – 71
conceito – introd.
concentração – 168
direitos – 142
encontro – 44
ensinamento – 7
fonte da verdade – 133
Judas – 90
mandamento – 179
martírio do – 82
mensageiros do – 16
misericórdia do – 20
missionário – 133
palavras do * – 47
Paulo de Tarso – 39
Pôncio Pilatos – 85

reconstrução – 7
reino – 11
responsabilidade – 29
ressurreição – 9, 68, 154
ressuscitado – 39
sacrifício – 121
sofrimento – 83
suprema sabedoria – 93
temperamento – 81
templo – introd.
templo religioso – 22
última ceia – 86
vida fácil – 169
vida terrestre – 134
Cristo *ver também* Jesus
Cruz
   não-violência – 7
   processos educativo – 82
   tragédia – 82
Cura
   importância – 79
Culto religioso
   cerimônia exterior – 23

D
Desequilíbrio
   reparação – 21
Desesperado
   condenação – 36
   palavra – 36
Déspota
   autoridade – 81
Deus
   obras – 127
   cooperação – 139
   desígnios – 54
   despenseiros – 61
   força subornável – 22
   Jesus – 54
   lições de * – 125
   paciência – 162
   recordação – 155
   tarefa dos mensageiros – 150
   Terra e casa – 125
Deuteronômio
   proibição – 9
Dia
   leis divinas – 1
   matar o tempo – 1
   valorização – 1
Dinheiro
   caminho reto – 57
   raiz do mal – 57
Disciplina
   valorização – 149
Discípulo(s)
   contribuição – 3
   convite aos – 88
   luz do mundo – 76
   necessidade – 51
   possibilidades – 101
   sofrimento – 71
   solidariedade – 179
   tarefa primordial – 142
Divina Providência *ver* Deus
   Doente do Espírito – 79

Dom
  aquisição – 52
  esquecimento – 166
  origem – 52
  Pedro, apóstolo – 61
  reconhecimento – 165
  Tiago, apóstolo – 52
Doutrina Consoladora *ver* **Espiritismo**
  Consolador Prometido – 11
  pensamento humano – 11
Doutrina dos Espíritos *ver também* **Espiritismo**
Doutrina nova
  servir a dois senhores – 159
Doutrinador
  deslumbramento – 145
  motivo de regozijo – 145
Dracma perdida
  amor espiritual – 161

E
Educação
  Jesus – 12
  liberdade – 12
Egoísmo
  esquecimento – 135
  raciocínio terrestre – 156
Elevação de si mesmo *ver* **Reforma íntima**
Emaús
  discípulo a caminho – 95
Embaixador do Cristo
  Paulo, apóstolo e – 115

Encargo espiritual
  extensão e delicadeza – 46
Endireitai os caminhos *ver* **Reforma íntima**
Escândalo
  Mateus, apóstolo – 108
Escola cristã
  altar de pedra – introd.
Escola religiosa
  condenação – 55
  sacerdócio – 67
Escriba
  Jesus – 28
Esfera carnal *ver* **Corpo físico**
Esfera espiritual *ver* **Mundo espiritual**
Esmola
  distribuição – 106
Esperança
  vida eterna – 9
Espiritismo
  Cristianismo – 10, 116
  Espírito perverso – 144
  florescimento – 116
  mediunidade – 10
  tarefa – 146
Espírito desencarnado
  gênero de vida – 136
Espírito encarnado
  escravização – 132
  vibração psíquica – 160

Espírito
　abertura de porta – 178
　bênçãos do Senhor – 117
　corpo físico – 13, 120
　corpo fluídico – 13
　faina evolutiva – 112
　Paulo, apóstolo – 13
　recapitulação – 35
　riqueza – 135
　santo – 156
　valor do tempo – 60
　valor do mundo – 72
Espírito perverso
　Espiritismo – 144
　influência – 144
　Jesus – 143-144
Espírito superior
　fragilidade humana – 131
　sentença acusatória – 131
Eternidade
　bem exterior – 59
Evangelho
　amigo – 89
　aprendiz – 47
　batismo – 158
　beneficiário – 147
　colaborador – 171
　conversão – introd. – 15
　convite do Mestre – 71
　convite – 76
　elucidação – 121
　ensinamento essencial – 160
　facilidade humana – 169
　invigilância do
　discípulo – 96
　Jesus – 45
　Maria de Magdala – 92
　mensagem – 5
　missão – 79
　notícia dolorosa – 93
　novidade – 81
　Paulo de Tarso – 74
　processo evolutivo – 68f
　renúncia, perdão – 24
　roteiro – introd.
Evangelho *ver também* Boa Nova
Existência terrestre
　hereditariedade – 13
　imposição – 32
　vulgaridade e
　inutilidade da – 102
Experiência espiritual *ver* Mediunidade
Expressão colérica
　adiamento – 77

F

Falsos profetas
　Jesus – 80
Família
　conceito – 62
Fé
　aprendiz – 47
　aquisição – 26
　autoconfiança – 14
　candidatos – 16

confiança – 40
confirmação – 15
Cristianismo – 76
edificação – 124
impulsos – 116
Jesus – 124
Lucas, apóstolo – 40
Paulo, apóstolo – 14
princípio – 155
promessas divinas – 14
promessas humanas – 14
surgimento – 102
templos da * religiosa – 64
Felicidade
  morte – 30
Fenômeno da vida
  fator transcendente – 101
Fertilidade
  pântano – 162
Filêmon
  Paulo, apóstolo e – 17
Forças exteriores
  alma e – 170
  Jesus e – 170
Fragilidade humana
  Espírito superior – 131
Fraternidade
  aprendizado – 27

G

Grão de mostarda
  reino de Deus – 161

H

Herança divina
  alegria – 59
Higiene espiritual
  posto – 29
Homem justo
  indicativo – 23
Homem
  abuso – 164
  ambição – 29
  árvore gloriosa – 55
  aspecto exterior – 42
  assunção de erros – 138
  atitude louvável – 85
  bem material – 149
  competência – 52
  conquista – 58
  consistência na vida – 165
  corpo físico – 122
  desespero – 50
  enriquecimento – 135
  fascinação – 31
  interesses – 22, 27
  lei de cooperação – 39
  luta social – 61
  necessidade básica – 180
  obrigação – 50
  paz – 33
  posse – 149
  preciosidade – 112
  reclamação – 65
  saúde espiritual – 79
  sentimento – 24

serviço reparador – 164
silêncio – 60
verdade – 80
vida eterna – 29
Horto
  oração – 84, 87
Humildade
  Jesus – 3, 5
  Paulo de Tarso – 3, 8

I
Idolatria
  eliminação – 126
Ídolo
  conceito – 126
Igreja cristã
  força política – 96
Imediatismo
  culto – 126
  filosofia – 123
Ímpio
  indiferença – 59
  progresso – 59
Insensatez – 126
Intercâmbio
  objetivo – 116
Isaías, profeta
  Jesus – 141

J
Jesus
  Abraão – 133
  aguilhões – 150
  alma – 58
  amigos – 86
  amor – 41, 179
  apostolado – 161
  aproximação – 98
  títulos – 85
  Belzebu – 147
  Bodas de Caná – 106
  Cego de Jericó – 44
  concessão – 33, 106
  consolação – 17
  conversão – 15
  Deus – 54
  discípulo – 62
  educação – 12
  ensinamento – 114
  escriba – 28
  espada simbólica – 104
  espera egoística – 123
  esperança – 17
  Espírito perverso – 143
  esquecimento da
  companhia – 83
  Evangelho – 45
  exemplo – 8, 49, 84
  falsos profetas – 80
  fé – 124
  harmonia – 25
  herança da vida eterna – 154
  honras – 37
  humildade – 3, 5
  influenciação – 55
  Isaías, profeta – 141
  Judas – 84
  lágrima – 172

lição espontânea – 43
localização histórica – 133
luz do mundo – 76
madeiro verde – 82
mal – 30
multidão – 177
Nicodemos – 110, 111
opinião – 43
palavra – 2
Paulo de Tarso – 92
paz – 53, 104
pedido – 66
perdão – 9
prece – 6
pregação – 38
prisão – 90
promessas – 66
reconhecimento do
poder – 113
reencarnação – 108
reino de Deus – 107
religioso – 34
resolução – 2
ressurreição – 92
revelação divina – 156
salvação – 178
semeadura – 35
significado de pedra – 124
Simão Pedro – 15, 97
tesouro – 64
testamento – 114
testemunho – 71
transfiguração – 32

última ceia – 137
verbo do princípio – introd.
verdade – 78
viajor transviado – 95
videira – 54-55, 82
Zaqueu – 161

Jesus *ver também* **Cristo, Mestre, Messias, Salvador**

João Batista
reforma íntima e – 16

João, apóstolo
calma e – 25
caminhos retos e – 21
Jesus, Abraão e – 133
lavar os pés e – 5
Lázaro e – 112, 113
Moisés e – 43
obrigações e – 2
paz e – 53
recapitulações e – 33
reuniões cristãs e – 9
testemunho e – 85
trabalho e – 4

Judas
Jesus e – 84, 90
trinta moedas e – 91

Judéia
simbolismo de – 140

Julgamento
aguardando o – 68
cautela no – 46
fortuna, privilégios e – 75

precipitação e
leviandade no – 46
Tiago, apóstolo e – 46
vigilância no – 75
Justiça
misericórdia e * de
Deus – 163
trabalho, resgate,
elevação e – 53

L
Laços afetivos
características dos – 164
Laços de amor
dilatação dos – 69
Laços de sangue
lei do amor e – 110
Ladrões
apelos do mundo
interior e – 109
Lágrimas
características das – 172
fraqueza espiritual e – 172
Jesus e – 172
Lar
formação do caráter no – 12
Lázaro
João, apóstolo e – 112, 113
Mestre e – 113
modificações de – 113
regresso de – 112
valores novos e – 112
Legião
Marcos, apóstolo – 143

simbolismo – 143
Leis divinas
dia – 1
Leviandade
consequência – 48
inconsciência – 48
Liberdade
bem – 35
desejo – 22
educação – 12
Pedro, apóstolo – 99
Lição
assimilação – 34
Livro
discípulo do Cristo – 117
utilidade – 28
Lucas, apóstolo
Cego de Jericó – 44
doutrinação – 145
Elias – 67
fé – 40
Moisés – 67
oração – 87, 105, 167
Luta planetária
dissabores – 32
Luta social
homem – 61
Luz do mundo
discípulos – 76
Jesus e – 76
Luz espiritual
corações abertos – 117

M
Madalena *ver* Maria de Magdala
Madeiro verde
  Jesus – 82
Mãe
  abandono do lar – 56
Mal
  amor ao dinheiro – 57
  combate – 30
  eliminação – 129
  enraizamento – 35
  Jesus – 30
  legião ameaçadora – 143
  libertação – 30
  paixão ingrata – 35
  predominância – 109
  representante – 63
  semeadura – 35
  temor ao praticante – 173
Marcha evolutiva
  conversão – 56
Marcos, apóstolo
  coroa de espinhos – 96
  legião – 143
  paralítico – 118
  passes – 153
  Satanás – 146
Maria de Magdala
  Evangelho – 92
  Mestre – 80, 92
Mateus, apóstolo
  campo de sangue – 91
  oração – 6
  publicanos – 137
Meditação
  cultivo – 34
  sentimento – 168
Mediunidade
  Atos dos Apóstolos – 10
  Cristianismo – 10
  era da – 10
  Espiritismo – 10
  manifestações – 156
  Pentecostes – 10
  utilização – 128
Messias
  padrão habitual – 94
  transfiguração – 15
Messias *ver também* Jesus
Mestre
  abandono – 86
  aparecimento – 92
  banquete dos publicanos – 137
  Caifás – 80
  calvário – 70
  Evangelho – 71
  humildade – 5
  invocação – 63
  lavagem dos pés – 5
  Lázaro – 113
  lição divina – 169
  Maria de Magdala – 80
  transfiguração do – 128

resposta do * às
  orações – 167
  revelação do – 34
  Simão Pedro e – 15
  trabalho – 6
Mestre *ver também* Jesus
Misericórdia
  Jesus – 20
  justiça divina – 163, 110
Missionário da luz
  Cristo – 133
Mocidade
  Paulo, apóstolo – 151
  poderes – 151
  segurança no futuro – 151
  simbolismo – 151
Moisés
  determinação – 9
Momento difícil
  confiança e – 32
Monte
  simbologia – 6, 140
  sublime manifestação – 105
Morte
  centro religioso – 30
  despertando da *
    corporal – 87
  espera – 47
  felicidade – 30
  interpretação – 123
  ociosidade – 68
  palavras do Cristo – 47
  porta espiritual – 34
  problema – 68
Multidão
  ensinamento – 177
  Jesus – 177
  juízo – 177
Mundo espiritual
  amparo – 11, 100
  entidades egressas – 67
  intercâmbio – 69, 78, 136
  tarefa – 136
  viciação do auxílio – 100
Mundo interior
  apelos – 109
Mundo material
  glória – 119

N
Negócios
  precariedade – 27
Nicodemos
  Jesus – 110, 111
Nuvens
  simbologia – 32

O
Obra divina
  desarmonização – 164
Obrigação
  conhecimento – 2
  diárias – 3
  João, apóstolo – 2
Obstáculo
  tesouro oculto – 99
Onésimo
  Paulo, apóstolo – 17

Oportunidade
    compreensão – 4
    valorização – 3
Oração
    auxílio – 6
    desencantamento – 66
    Horto – 84, 87
    infantilidade – 66
    Lucas, apóstolo –
    87, 105, 167
    recursos – 7
    resposta do Mestre – 167
    serviços – 6
    trabalho – 6
Oração *ver também* Prece
Ordenação humana
    Boa Nova – 81
    Pedro, apóstolo – 81
    submissão – 81
Organização religiosa
    Terra – 116
Orvalho divino
    coração embebido – 117

P
Paciência
    Deus – 162
Padecimento *ver* Sofrimento
Pais
    missão dos – 12
Paixões
    casulo das * inferiores – 102
Palavra
    benefício – 45
    qualidade do espírito – 45
Parábola
    dracma perdida – 57
    óbolo da viúva – 57
Paralítico
    decisão – 118
    Marcos, apóstolo – 118
    presença do Cristo – 118
Parentela
    Atos dos Apóstolos – 62
    conceito – 62
    maledicência e
    incompreensão – 62
Passes
    conceito – 153
    Cristianismo – 153
    Marcos, apóstolo – 153
Paulo de Tarso
    Ananias – 39, 147
    Cristo ressuscitado – 39
    Evangelho – 74
    Filipenses – 75
    humilhação – 75
    Jesus – 92
    privilégio – 74
    sacerdócio – 115
    sacrifício – 74
    visita espiritual – 160
Paulo, apóstolo
    Apolo – 138
    bem – 42
    bênção divina – 117
    cartas do Cristo – 114

César – 75
ciência, amor – 152
consciência – 119
débito – 17
embaixadores do
Cristo – 115
Espírito – 13
fé – 14, 23
heresia – 36
humildade – 3, 8
mocidade – 151
Onésimo, Filêmon – 17
salvação – 148
tempo – 1
transitoriedade – 72
tristeza – 130
visão – 160
Paz
  conceito – 104
  consistência – 166
  desejo – 28
  Jesus – 53, 104
  João, apóstolo – 53
  ociosidade – 104
Pecado da carne
  exemplo – 13
  significação – 13
Pedra
  Jesus e significado – 124
  Pedro, apóstolo – 124
Pedro, apóstolo – 60
  bem e – 60
  dom e – 61
  invigilância e – 89
  liberdade e – 99
  lição de * no cárcere – 100
  negação de – 89
  ordenações humanas e – 81
  recomendação de – 60
Pensamento
  roupagem do – 72
Pentecostes
  claridades do – 10
  mediunidade e – 10
Perdão
  Jesus e – 9
Permuta espiritual
  operações de – 63
Personalidade
  expressões destrutivas
  da – 147
Personalidade espiritual *ver*
Espírito
Pilatos, Pôncio
  Cristo e – 85
Plano invisível *ver também*
Mundo espiritual
Poderes ocultos
  aquisição de – 70
Porta estreita
  amigos e – 86
Posse
  orgulho, ociosidade e – 57

Posse material *ver* Bens
materiais
Povos antigos
  amor e – 41
Prece
  Cristianismo e – 167
  Jesus e – 6
Prece *ver também* Oração
Pregação
  Jesus e – 38
  sacrifícios da vida e – 38
Processos purificadores
  rebeldia e – 108
Promessas
  desconfiança das – 99
Proselitismo
  dilatação do – 107
  preocupação de – 19
Provas
  renascimentos
  dolorosos e – 108
Providência *ver* Deus
Providência divina
  revelação – 139

Q
Queixa
  beneficiário do
  Evangelho – 147

R
Raiz do mal
  dinheiro – 57
Realidade espiritual
  despertando – 88

Rebeldia
  processo purificador – 108
Recurso celeste
  recepção – 25
Redenção
  problema – 180
Reencarnação
  campo milenário – 91
  Jesus – 9, 108
  lei universal – 110
  tristeza – 130
Reforma íntima
  condições – 18
  crente – 7
  João Batista – 16
  Tiago, apóstolo – 18
Reino de Deus
  aparência exterior – 103
  grão de mostarda – 161
  Jesus – 107
  poder humano – 107
  templo interno – 107
Religião
  conceito – 176
Renascimento doloroso
  motivo – 109
  provas – 108
Renovação espiritual
  Batismo e – 158
Renúncia
  significado – 154
  vida eterna – 154

Reparação
  desequilíbrio – 21
Responsabilidade
  Cristo – 29
  sobrevivência – 53
  trabalho – 174
Ressurreição
  Jesus – 9, 92, 154
  Paulo, apóstolo – 68
Reunião cristã
  cenáculo, catacumba – 9
  família cristã – 9
  objetivo – 9
  tempo moderno – 9
Revelação divina
  Jesus – 156
Revelação espiritual
  chegada – 141

S
Sábio
  aprendizado – 31
Sacerdócio
  escola religiosa – 67
Sal da Terra
  cristão – 169
Salvação
  Jesus – 178
  Paulo, apóstolo – 148
Salvador *ver* Jesus
Salvador
  descrença – 99
Santuário interior
  iluminação – 180

Satanás
  Marcos, apóstolo – 146
  mentalidade dogmática – 67
  sectarismo religioso – 146
Saúde espiritual
  homem – 79
Sectarismo religioso
  Satanás – 146
Seita religiosa
  apóstolo da – 49
  ensinamento da – 49
Semeadura
  bem, mal – 35
  desenvolvimento – 35
  Jesus – 35
Sentimento
  adubo divino – 93
  divulgação de falso – 142
  enferrujamento do – 24
  homem – 24
  meditação – 168
  purificação – 18
  simbologia – 6
Sepulcro
  verdade – 56
Simão Pedro
  esclarecimento – 10
  Jesus – 15, 97
  visão – 15
Sobrevivência
  responsabilidade – 53
Sofrimento
  aceitação – 17

Apocalipse – 26
Cristo – 83
discípulo – 71
essência – 26
leis externas – 139
vida superior – 93
Solidariedade
discípulo – 179
Sono
alma – 87

T
Tabor, monte
Moisés, Elias – 67
Tarefa humilde
importância – 31
Tédio
representação – 65
Temperamento impulsivo
Cristo – 81
Templo
Cristo e * religioso – 22
finalidade do – 65
paisagem do – 64
Templo de pedra
promessas, votos
absurdos – 22
Tempo
aproveitamento – 127
doutrinação – 146
Espírito e o valor – 60
Paulo, apóstolo – 1
valores infinitos – 1

Tentação
ausência de raiz – 124
conceito – 129
procedência – 129
Tiago, apóstolo – 129
Teólogo
alma – 68
Juízo final – 68
Terra
alma paralítica – 79
casa de Deus – 125
estágio evolutivo – 140
imediatismo – 123
organização religiosa – 116
permanência– 6, 103
sistema judiciário – 161
valor da passagem – 127
valor educativo – 39
vencedor – 94
Texto sagrado
dádiva de Deus e – introd.
interpretação do – introd.
Tiago, apóstolo
dom – 52
julgamento – 46
reflexão – 77
reforma íntima – 18
tentação – 129
tesouro enferrujado – 24
Trabalhador
compreensão do bom – 73
queixas do mau – 73

Caminho, verdade e vida

Trabalho
  amplitude e complexidade – 121
  aperfeiçoamento, iluminação – 124
  autoconfiança – 14
  criaturas queixosas – 4
  dignidade do * honesto – 61
  época de * redentor – 73
  João, apóstolo – 4
  oração – 6
  responsabilidade – 174
  vida – 4
Trabalho interpretativo
  Introdução, nota
Transfiguração
  monte Tabor – 128
Transformação da humanidade
  Jesus – 134
Transitoriedade
  Paulo, apóstolo – 72
Tristeza
  Paulo, apóstolo – 130
  reencarnações – 130
  segundo a Terra – 13
  segundo Deus – 130

U
Última ceia
  Cristo – 86, 137

V
Vaidade
  negação – 176

Valores da alma
  vitórias – 56
  zelo pelos – 120
Valores do mundo
  soberania do Espírito – 72
Valores religiosos
  aquisição – 22
Valor social
  catalogação – 115
Verdade
  conhecimento – 147
  Cristianismo – 176
  cultivador – 78
  homem – 80
  Jesus – 78
  sepulcro – 56
  valorização – 128
Verdade espiritual
  médico – 111
Verdade eterna
  anuncio da – 134
Vida
  conceito – 123
  cristianização – 19
  interesse de Deus – 21
  trabalho – 4
Vida dos animais
  observação sobre – 139
Vida eterna
  esperanças – 9
  herança – 154, 157
  homem – 29
  renúncia – 154

Vida exterior
  fundamento – 18
Vida humana
  dignificação – 156
Vida interior
  Consulta – 21
Vida simples
  esquecimento – 29
Vida superior
  sofrimento – 93
Vida terrestre
  Cristo e remodelação – 134
  oportunidade – 122

sinal divino – 136
Videira
  Jesus – 54-55, 82
  verdade, amor – 54-55
Virtude
  conceito – 126
  reconhecimento – 103
Visão espiritual
  renovação – 58

Z
Zaqueu
  Jesus – 161

Tabela de Edições
Caminho, verdade e vida

EDIÇÃO	IMPRESSÃO	ANO	TIRAGEM	FORMATO
1	1	1949	10.000	11x16
2	1	1956	5.000	11x16
3	1	1959	5.000	11x16
4	1	1964	5.000	11x16
5	1	1970	5.000	11x16
6	1	1973	11.500	11x16
7	1	1978	10.200	11,0x15,5
8	1	1980	10.200	11,0x15,5
9	1	1981	10.200	11,0x15,5
10	1	1983	10.200	11,0x15,5
11	1	1985	10.200	11,0x15,5
12	1	1986	30.200	11,0x15,5
13	1	1989	25.000	11,0x15,5
14	1	1990	25.200	11,0x15,5
15	1	1994	15.000	11,0x15,5
16	1	1996	15.000	11,0x15,5
17	1	1997	10.000	11,0x15,5
18	1	1999	11.000	11,0x15,5
19	1	2000	5.000	11,0x15,5
20	1	2001	3.000	11,0x15,5
21	1	2001	5.000	11,0x15,5
22	1	2002	10.000	11,0x15,5
23	1	2003	10.000	11,0x15,5
24	1	2004	4.000	10x16
25	1	2005	5.000	10x16
26	1	2006	5.000	10x16
27	1	2006	5.000	10x16
28	1	2007	10.000	10x16
28	2	2008	10.000	10x16
28	3	2009	10.000	10x16
28	4	2010	15.000	10x16

EDIÇÃO	IMPRESSÃO	ANO	TIRAGEM	FORMATO
28	5	2011	8.000	10x16
28	6	2012	8.000	10x16
29	1	2015	10.000	10x15
29	2	2016	6.000	10x15
29	3	2017	7.000	10x15
29	4	2017	6.500	10x15
29	5	2018	3.200	10x15
29	6	2018	3.800	10x15
29	7	2018	4.500	10x15
29	8	2019	3.250	10x15
29	9	2020	7.000	10x15
29	10	2022	5.000	10x15,5
29	11	2023	3.200	10x15,5
29	12	2024	5.000	10x15,5
29	13	2024	6.000	10x15,5
TOTAL DE EXEMPLARES: 400.350					

EDIÇÃO	IMPRESSÃO	ANO	TIRAGEM	FORMATO
1	1	2005	10.000	14x21
1	2	2011	2.000	14x21
1	3	2011	1.000	14x21
1	4	2012	10.000	14x21
1	5	2013	10.000	14x21
1	6	2014	3.000	14x21
1	7	2014	5.000	14x21
1	8	2014	6.000	14x21
1	9	2015	5.000	14x21
1	10	2015	5.000	14x21
1	11	2016	2.500	14x21
1	12	2017	4.000	14x21
1	13	2018	3.500	14x21
1	14	2018	1.500	14x21
1	15	2019	1.400	14x21
1	16	2019	2.000	14x21
1	17	2020	4.000	14x21
1	18	2021	3.500	14x21
1	19	2022	1.750	14x21
TOTAL DE EXEMPLARES: 81.150					

EDIÇÃO	IMPRESSÃO	ANO	TIRAGEM	FORMATO
1	1	2022	6.000	15,5x23
TOTAL DE EXEMPLARES: 6.000					
TOTAL GERAL DE EXEMPLARES: 487.500					

CARIDADE: AMOR EM AÇÃO

SEDE BONS E CARIDOSOS: essa a chave que tendes em vossas mãos. Toda a eterna felicidade se contém nesse preceito: "Amai-vos uns aos outros". KARDEC, Allan. *O evangelho segundo o espiritismo*, cap. 13, it. 12.

A Federação Espírita Brasileira (FEB), em 20 de abril de 1890, iniciou sua *Assistência aos Necessitados* após sugestão de Polidoro Olavo de S. Thiago ao então presidente Francisco Dias da Cruz. Durante oitenta e sete anos, esse atendimento representava o trabalho de auxílio espiritual e material às pessoas que o buscavam na Instituição. Em 1977, esse serviço passou a chamar-se Departamento de Assistência Social (DAS), cujas atividades assistenciais nunca se interromperam.

Desde então, a FEB, por seu DAS, desenvolve ações socioassistenciais de proteção básica às famílias em situação de vulnerabilidade e risco socioeconômico. Fortalece os vínculos familiares por meio de auxílio material e orientação moral-doutrinária com vistas à promoção social e crescimento espiritual de crianças, jovens, adultos e idosos.

Seu trabalho alcança centenas de famílias. Doa enxovais para recém-nascidos, oferece refeições, cestas de alimentos, cursos para jovens, serviços de convivência e fortalecimento de vínculos para idosos e organiza doações de itens que são recebidos na Instituição e repassados a quem necessitar.

Essas atividades são organizadas pelas equipes do DAS e apoiadas com recursos financeiros da Instituição, dos frequentadores da Casa e por meio de doações recebidas, num grande exemplo de união e solidariedade.

Seja sócio-contribuinte da FEB, adquira suas obras e estará colaborando com o seu Departamento de Assistência Social.

O QUE É ESPIRITISMO?

O Espiritismo é um conjunto de princípios e leis revelados por Espíritos Superiores ao educador francês Allan Kardec, que compilou o material em cinco obras que ficariam conhecidas posteriormente como a Codificação: *O livro dos espíritos*, *O livro dos médiuns*, *O evangelho segundo o espiritismo*, *O céu e o inferno* e *A gênese*.

Como uma nova ciência, o Espiritismo veio apresentar à Humanidade, com provas indiscutíveis, a existência e a natureza do Mundo Espiritual, além de suas relações com o mundo físico. A partir dessas evidências, o Mundo Espiritual deixa de ser algo sobrenatural e passa a ser considerado como inesgotável força da Natureza, fonte viva de inúmeros fenômenos até hoje incompreendidos e, por esse motivo, são tidos como fantasiosos e extraordinários.

Jesus Cristo ressaltou a relação entre homem e Espírito por várias vezes durante sua jornada na Terra, e talvez alguns de seus ensinamentos pareçam incompreensíveis ou sejam erroneamente interpretados por não se perceber essa associação. O Espiritismo surge então como uma chave, que esclarece e explica as palavras do Mestre.

A Doutrina Espírita revela novos e profundos conceitos sobre Deus, o Universo, a Humanidade, os Espíritos e as leis que regem a vida. Ela merece ser estudada, analisada e praticada todos os dias de nossa existência, pois o seu valioso conteúdo servirá de grande impulso à nossa evolução.

Codificação
Allan Kardec

- O livro dos Espíritos
- O livro dos Médiuns
- O Evangelho segundo o Espiritismo
- O Céu e o Inferno
- A Gênese
- O que é o Espiritismo
- Obras Póstumas

COLEÇÃO
ESTUDANDO A CODIFICAÇÃO

Uma das mais belas coleções da literatura espírita, composta pelos livros *Religião dos espíritos*, *Seara dos médiuns*, *O Espírito da Verdade*, *Justiça divina* e *Estude e viva*, apresenta um estudo aprofundado das obras da Codificação Espírita.

Fonte viva

COLEÇÃO

| 1949 | 1950 | 1952 | 1956 | 1964 |

BIOGRAFIA DE
CHICO XAVIER

Um dos mais destacados expoentes da cultura brasileira do século XX, Chico Xavier nasceu em 1910 e, desde os 5 anos, começou a ver e ouvir os Espíritos, tendo estabelecido com eles um relacionamento que deu resultado à publicação de mais de 400 obras.

Esse intenso trabalho foi interrompido apenas em 2002, ano de sua desencarnação, e resultou em um acervo de diversos gêneros literários, como poemas, contos, crônicas, romances, obras de caráter científico, filosófico e religioso.

Testemunhando qualidade literária extraordinária, as obras de Chico Xavier são um autêntico sucesso editorial e já alcançaram mais de 25 milhões de exemplares somente em língua portuguesa. Muitos de seus livros são *best-sellers* indiscutíveis, inspirando a produção de filmes, peças de teatro, programas e novelas de televisão.

De personalidade bondosa, nosso querido Chico sempre se dedicou ao auxílio dos mais necessitados; o trabalho em benefício do próximo possibilitou ao médium a indicação, por mais de 10 milhões de pessoas, ao Prêmio Nobel da Paz de 1981. No ano de 2012, Francisco Cândido Xavier foi eleito "O maior brasileiro de todos os tempos", em evento realizado pelo Sistema Brasileiro de Televisão (SBT).

BIOGRAFIA DE
EMMANUEL

Conhecido por ser o guia espiritual do médium Francisco Cândido Xavier, o Espírito Emmanuel tem atuação de destaque no campo do estudo, prática e divulgação do Evangelho de Jesus a partir da Doutrina Espírita. O mentor fez parte da equipe que auxiliou Allan Kardec na Codificação e assinou a primeira, das duas mensagens, intitulada "O egoísmo", item 11, disponível no capítulo XI de *O evangelho segundo o espiritismo*.

Por meio de suas expressões literárias, Emmanuel revelou suas encarnações mais conhecidas: o senador romano Publius Lentulus, o escravo Nestório, o padre Manuel da Nóbrega e o padre Damiano. O primeiro encontro com Chico Xavier aconteceu em 1931, quando confidenciou ao médium os planos de publicar 30 obras. Emmanuel foi o coordenador de todo o trabalho psicografado por Chico. A parceria entre os dois trouxe à luz mais de uma centena de obras espíritas, das quais 62 fazem parte do catálogo da FEB e três foram inseridas entre os dez melhores livros espíritas do século XX.

Traduzidos para vários idiomas, os livros de Emmanuel englobam romances históricos, mensagens e conselhos espirituais, entre outros, que repassam profundo conhecimento sobre a mensagem do Cristo, seu estudo e sua vivência.

FEB editora
Livro espírita para um novo mundo
www.febeditora.com.br
@febeditoraoficial
@febeditora

Conselho Editorial:
Carlos Roberto Campetti
Cirne Ferreira de Araújo
Evandro Noleto Bezerra
Geraldo Campetti Sobrinho – Coord. Editorial
Jorge Godinho Barreto Nery – Presidente
Maria de Lourdes Pereira de Oliveira
Miriam Lúcia Herrera Masotti Dusi

Produção Editorial:
Elizabete de Jesus Moreira

Revisão:
Federação Espírita Brasileira e União Espírita Mineira

Capa:
Luciano Carneiro Holanda

Projeto Gráfico:
Luciano Carneiro Holanda
Rones José Silvano de Lima – instagram.com/bookebooks_designer

Diagramação:
Thiago Pereira Campos

Foto de Capa:
http://www.dreamstime.com/Eti Swinford

Normalização Técnica:
Biblioteca de Obras Raras e Documentos Patrimoniais do Livro

Esta edição foi impressa pela Leograf Gráfica e Editora Ltda., Osasco, SP, com tiragem de 6 mil exemplares, todos em formato fechado de 100x155 mm e com mancha de 80x118 mm. Os papéis utilizados foram o Offset 63 g/m² para o miolo e o Cartão 250 g/m² para a capa. O texto principal foi composto em fonte Adobe Garamond 12/13 e os títulos em Adobe Garamond 26/26. Impresso no Brasil. *Presita en Brazilo.*